CATALOGUE

DE LA

BIBLIOTHÈQUE DESPEYROUS

PÈRE ET FILS

BEAUMONT (Tarn-et-Garonne)

TOULOUSE

IMPRIMERIE PASSEMAN ET ALQUIER, OUVRIERS RÉUNIS

3, RUE SAINT-PANTALÉON, 3

—

1883

TABLE DES MATIÈRES

CHAPITRE PREMIER. — Lettre A.

Pages.

Religion. — Morale. — Philosophie................ 3

CHAPITRE II. — Lettre B.

Littérature.................................... 10

CHAPITRE III. — Lettre C.

Théâtre....................................... 14

CHAPITRE IV. — Lettre D.

Poésies....................................... 19

CHAPITRE V. — Lettre E.

Romans. — Contes. — Nouvelles................ 23

CHAPITRE VI. — Lettre F.

Histoire...................................... 61

CHAPITRE VII. — Lettre G.

Voyages. — Géographie........................ 79

CHAPITRE VIII. — Lettre H.

Agriculture. — Industrie..................... 89

CHAPITRE IX. — Lettre K.

Économie politique. — Science sociale 92

CHAPITRE X. — Lettre L.

Pages.

Panthéon littéraire...................................   99

CHAPITRE XI. — Lettre P.

Sciences...   102

CHAPITRE XII. — Lettre Q.

Encyclopédie.....................................   112

CHAPITRE XIII. — Lettre R.

Biographie.......................................   113

CHAPITRE XIV. — Lettres diverses.

Journaux. — Tableaux. — Cartes.................   122

CHAPITRE XV. — Lettres diverses.

Premier âge......................................   125

CHAPITRE XVI. — Lettres diverses.

Deuxième âge   137

CHAPITRE XVII. — Lettres B, U.

Bibliothèque utile...............................   146

CHAPITRE XVIII.

Bibliothèque spéciale............................   152

Toulouse. — Typ. Passeman et Alquier Ouvriers Réunis, rue Saint-Pantaléon, 3.

OBSERVATIONS

Les livres sont classés par ordre de matières et par catégories d'âge : le *premier âge*, pour les enfants de 8 à 14 ans de l'un et de l'autre sexe ; le *deuxième âge*, pour les adolescents également de l'un et l'autre sexe.

Il y a un très grand nombre de romans, plus de huit cents. Les uns, dits historiques, sont destinés à encourager plusieurs lecteurs à entrer dans le domaine de l'histoire, que toute personne doit savoir en rapport de ses facultés et du temps qu'elle peut consacrer à l'étude. Les autres romans développent les besoins du cœur. Et si, dans quelques-uns, il y a de la déviation morale, on en trouvera la rectification dans le même volume ; la peinture du mal étant intimement liée à celle du bien.

Le chapitre XIII se compose de deux sortes de biographies :

1o La vie des hommes de génie, bienfaiteurs de l'humanité et martyrs de leurs découvertes : lecture instructive, essentiellement morale et utile aux déshérités de ce monde qui en ressentiront, en effet, un grand courage ;

2o La vie de quelques grands personnages d'autrefois qui, par leurs fautes, ont contribué à accélérer la marche ascendante de notre patrie.

Le chapitre XVII, *Bibliothèque utile*, justifie son titre. Elle est spécialement recommandée aux personnes qui sentent la nécessité de s'instruire et qui, néanmoins, ont très peu de temps à donner à cette noble occupation.

Les autres volumes sont des livres d'histoire, de voyages, de philosophie, de science et de littérature.

N. B. — *Le lecteur est instamment prié de se rendre, aux jours et heures désignés, au siège de la Bibliothèque, avec une note indiquant les livres qu'il désire emporter. Pour leur conservation, il devra les couvrir avec du papier et ne pas les lire à la résine, sous peine d'être renvoyé sans livre pour un temps plus ou moins long.*

CATALOGUE

DE LA

BIBLIOTHÈQUE DESPEYROUS

PÈRE ET FILS

BEAUMONT (Tarn-et-Garonne)

TOULOUSE

IMPRIMERIE PASSEMAN ET ALQUIER, OUVRIERS RÉUNIS

3, RUE SAINT-PANTALÉON, 3

—

1883

CHAPITRE Ier — LETTRE A.

RELIGION — MORALE — PHILOSOPHIE

AMPÈRE

Vol.

Classification de toutes les sciences.................... 1

ANONYME

Morale de Jésus-Christ et des apôtres................. 2
La Sainte Bible (traduction de Lemaistre de Sacy)....... 2

ARCADE

Philosophie naturelle, ou les Phénomènes naturels expli-
    qués par les lois de la mécanique.................... 2

BACQUÈS

Le Génie de la femme............................. 1

BARBIER (Mlle)

Voyage sentimental autour d'une vieille femme......... 1

BARRAU

Conseils aux ouvriers sur les moyens d'améliorer leur po-
    sition... 1
Direction morale pour les instituteurs................ 1

BOSSUET

Vol.

Œuvres philosophiques., ... 1
Oraisons funèbres............................. 1

BRISPOT (Abbé)

La Vie de Jésus-Christ............................. 1

BRISSAC

L'Esprit nouveau dans l'humanité................... 1

CAMPANELLA

Œuvres choisies............................ 1

CAVÉ (Mme)

La Femme d'aujourd'hui, la Femme d'autrefois......... 1

CHATAUBRIAND

Le Génie du christianisme...................... 2

COMPAYRÉ

La Philosophie de David Hume.................... 1

COUSIN (Victor)

Introduction à l'histoire de la philosophie............. 1
Histoire de la philosophie du dix-huitième siècle........ 2
Du Vrai, du Beau et du Bien 1

DAMIRON

Psychologie 2
Morale 1
Logique................................ 1

DANTE

La Divine comédie. — La Vie nouvelle.............. 1

DARBOY (Archevêque)

Les Femmes de la Bible........................ 1

DESEILLIGNY

Vol.

De l'Influence de l'éducation sur la moralité et le bien-être des classes laborieuses................................. 1

DOLLFUS

De l'Esprit français et de l'esprit allemand.............. 1

DUGALD STEWART

Esquisse de philosophie morale (traduction de Jouffroy).. 1

DUPANLOUP (Evêque)

La Charité chrétienne et ses œuvres.................. 1

ÉRASME

Éloge de la folie 1

FÉNELON

Démonstration de l'existence de Dieu................. 1
Dialogues sur l'éloquence......................... 1

FIGUIER

Le Lendemain de la mort, ou la Vie future selon la science. 1

GARNIER

Morale sociale.................................. 1
Traité des facultés de l'àme...................... 3

GASPARIN

La Bible....................................... 1
Le Bonheur.................................... 1
La Conscience.................................. 1
Les Droits du cœur............................. 1
La Famille et ses devoirs........................ 2
Paroles de vérité.............................. 1

HELVÉTIUS

De l'esprit.................................... 1

JANET

La Famille considérée au point de vue philosophique.... Vol. 1

JOUFFROY

Cours philosophique de droit naturel................. 2

LA BRUYÈRE

Les Caractères (2 exemplaires).................... 2

LAMENNAIS (Abbé)

Imitation de Jésus-Christ......................... 1

LA ROMIGUIÈRE

Leçons de philosophie........................... 2

LEIBNITZ

Monadologie................................ 1
Théodicée.................................. 1

LIREY

Histoire des différentes religions................... 1

LOCKE

Essai sur l'entendement humain.................... 1

MAISTRE (Xavier de)

OEuvres complètes............................ 1

MARC-AURÈLE

Pensées 1

MASSON (Michel)

Le Dévouement.............................. 1

MICHELET

La Bible dans l'humanité........................ 1

Vol.

La Femme.. 1
Le Peuple.. 1

MILTON

Le Paradis perdu (traduction de Chateaubriand) (deux
    exemplaires)................................... 2

NOEL

Leçons de philosophie morale...................... 1

NOURRISSON

Les Pères de l'Eglise latine....................... 2
Tableau des progrès de l'esprit humain............. 1

NUS

Les Grands Mystères de la vie..................... 1

PASCAL

Pensées... 1

PELLETAN (Eugène)

Les Droits de l'homme............................. 1
Le Monde marche.................................. 1

PEZZANI

La Pluralité des existences de l'âme............... 1

POMPÉRY

La Femme dans l'humanité. — Sa nature............ 1

QUINET

L'Esprit nouveau.................................. 1

RENAN

Etudes d'histoire religieuse....................... 1

RENAUD (Armand)

L'Héroïsme.. 1

CHAPITRE II. — LETTRE B.

LITTÉRATURE

ALBERT (Paul)

Vol.

La Littérature française au dix-huitième siècle   1

BAUTAIN (Abbé)

La Belle Saison à la campagne   1

BYRON (Lord)

Œuvres (traduction de Pichot)   6

CLARETIE

La Libre Parole   1

DELISLE

Œuvres choisies   1

Divers

Conférences littéraires   2

DURAND

Les Grands Prosateurs français   1

FAVRE (Jules)

Vol.

Conférences et discours littéraires...................... 1

GÉRUZEZ

Histoire de la littérature française................... 2

HOMÈRE

L'Iliade et l'Odyssée............................ 1

JUVÉNAL et PERSE

OEuvres..................................... 1

LAMARTINE

Cours familier de littérature....................... 2

LA ROCHEFOUCAULD, MONTESQUIEU

Maximes et Pensées............................ 1

LOMÉNIE

Esquisses historiques et littéraires.................. 1

MUSSET (Alfred de)

Comédies.................................... 3
Poésies..................................... 2
Nouvelles et Contes............................ 2
Confession d'un enfant du siècle................... 1
OEuvres posthumes............................. 1

PEYRAT

Etudes historiques et religieuses.................. 1

PUGET (Mlle)

Fleurs scandinaves............................ 1

SÉVIGNÉ (Mme de)

Ses Lettres.................................. 6

VILLEMAIN

VIVENS

CHAPITRE III — LETTRE C.

THÉÂTRE

ARISTOPHANE

Vol.

Comédies (traduction d'Artaud)...................... 1

BEAUMARCHAIS

Théâtre 1

CALDÉRON

Théâtre (traduction de Damas Hinard.)............... 3

CARCASSONNE

Théâtre d'adolescents............................... 1

CÉLIÈRES

Le Théâtre chez soi. — En Scène, s. v. p. 1

CRÉBILLON

Œuvres.. 3

DESTOUCHES

Théâtre.. 1

DIVERS

	Vol.
Chefs-d'œuvre des auteurs comiques	8
Théâtre de campagne	8
Chefs-d'œuvre dramatiques du dix-huitième siècle	2
Chefs-d'œuvre tragiques	2

ERCKMANN-CHATRIAN

L'Ami Fritz ; comédie	1

ESCHYLE

Théâtre (traduction de Pierron)	1

EURIPIDE

Tragédies (traduction d'Artaud)	2

GOETHE

Théâtre (traduction de Marmier)	1

LAMARTINE

Toussaint-Louverture ; pièce dramatique	1

LOPE DE VEGA

Théâtre (traduction de Damas Hinard)	2

MOLAND

Théâtre de la Révolution de 1789	1

REGNARD

Théâtre, suivi de ses Voyages	1

RÉMUSAT

La Saint-Barthélemy ; drame	1

SCHILLER

Théâtre (traduction de Marmier)	3

SCRIBE

Théâtre ; comédies, vaudevilles	5

CHAPITRE IV. — LETTRE D.

POÉSIES

ARIOSTE

DIVERS

Vol.

Chansons populaires de la France, anciennes et modernes. 1
Romancero espagnol (traduction de Damas Hinard)...... 1

DURAND

Les Grands Poètes français......................... 1

FERTIAULD

Les Voix amies. — Enfance. — Jeunesse. — Raison..... 1

FONTENELLE (De)

OEuvres.. 3

GILBERT

OEuvres.. 1

JASMIN

Las Papillotos..................................... 1

LAFONT

Les Légendes de la Charité......................... 1

LA FONTAINE

Fables... 2
Fables choisies.................................... 1

LAMARTINE

La Chute d'un Ange................................. 1
Harmonies poétiques et religieuses................. 2
Jocelyn.. 1
Méditations poétiques.............................. 2

LAVIGNE

Les Echos de Paris................................. 1

LEGOUVÉ (Gabriel)

Le Mérite des femmes............................... 1

LEMOYNE

Vol.

Les Charmeuses.................................... 1

MARY-LAFON

Fleurs du Midi.................................... 1

MISTRAL (Frédéric)

Mireille; poème provençal......................... 1

PESSONNEAUX (Emile)

Les Grands Poètes de la Grèce..................... 1

PÉCONTAL

La Divine Odyssée 1

ROUSSEAU (J.-B.)

OEuvres lyriques................................. 1

TASSE (Le)

La Jérusalem délivrée : poème..................... 3
La Jérusalem délivrée ; poème.................... 1

THÉOCRITE

Idylles (traduction de Rathier).................... 1

TOURNIER

Les Premiers Chants ; poésies pour la jeunesse.......... 1

VICTOR HUGO

L'Année terrible.................................. 1
Les Châtiments 1
Les Contemplations 2
Les Enfants. — Le Livre des mères................ 1
La Légende des siècles 2
Poésies.. 2

VIGNY (Alfred de)

Poésies complètes 1

CHAPITRE V. — LETTRE E.

ROMANS. — CONTES. — NOUVELLES

ABOUT

	Vol.
Germaine	1
Maître Pierre.......................................	1
Les Mariages de Paris...............................	1
Les Mariages de province...........................	1
Le Roi des montagnes...............................	1
Le Roman d'un brave homme.......................	1
Tolla...	1

ACHARD (Amédée)

La Famille Aubernin................................	1
Le Clos-Pommier	1
Les Femmes honnêtes...............................	1
Les Filles de Jephté...............................	1
Un Grand d'Espagne................................	1
Le Journal d'une Héritière.........................	1
Les Dernières marquises............................	1
L'Ombre de Ludovic................................	1
Parisiennes et provinciales.........................	1
Les Rêveurs de Paris...............................	1
Les Vocations	1

AIMARD (Gustave)

	Vol.
Les Trappeurs de l'Arkansas......................	1
Les Bisons blancs	1
Cardenio..........................	1
Le Chercheur de pistes..................	1
Le Cœur Loyal....................	1
Le Cœur de Pierre.....................	1
Le Chien noir....................	1
Le Commandant Delgrès.................	1
Curumilla.....................	1
Le Désert......................	1
L'Eau qui court..................	1
Fanny Dayton......................	1
Les Francs-Tireurs.................	1
La Fièvre d'or....................	1
Le Fort Duquesne..................	1
Le Grand Chef des Aucas.................	2
La Grande flibuste.................	1
Le Guaranis...................	1
La Loi de Lynch..................	1
La Main ferme..................	1
Les Marquards.................	1
Le Montonero..................	1
Les Nuits mexicaines.................	1
L'Olonnais...................	1
L'OEil gris	1
Les Pirates des prairies................	1
Les Rôdeurs des frontières..................	1
Le Serpent de satin.................	1
Valentin Guillois..................	1
Les Vaudoux..................	1
Le Vautour fauve.................	1
Vent-en-Panne	1
Zèno Cabral..................	1

ANCELOT (Mme)

| Antonia Vernon, ou les Jeunes filles pauvres............ | 1 |

ANONYMES

	Vol.
Au bord de la Néva............................	1
Les Deux jeunes Filles lettrées ; roman chinois..........	2
Une Grande Dame russe...........................	1
Les Mille et une nuits; contes arabes.................	3
Nouvelles danoises.............................	1
Les Sentiers périlleux...........................	1

ARNOULT

Le Fils du Czar..............................	1

ASSOLANT

Deux amis de 1792 (2 exemplaires).................	2
Gabrielle de Chènevert..........................	1
Un Millionnaire...............................	1
Le Seigneur de Lanterne.........................	1
Vérité ! Vérité !..............................	1

AUBRYET

La Femme de vingt-cinq ans......................	1
Robinsonne et Vendredine........................	1

AUDEBERT (Mme).

Le Roman d'un libre penseur......................	1

AUDEBRAND

L'Enchanteresse ; histoire parisienne.................	1

AUDEVAL

Paris et province.............................	1

AUDOUARD (Mme)

L'Ami intime................................	1
L'Homme de quarante ans........................	1

AUGÉ

Voyage aux sept merveilles du monde...............	1

AUGU

Les Oubliettes du vieux Louvre....................... Vol. 1

AUNET (Louise d')

Un Mariage en province........................ 1

BADÈRE (Mme)

Hermance de Meyran, ou un Noble de nos jours........ 1

BAKER

Le Lac Abert............................ 1

BALZAC

Ses Œuvres 4

BARRAND (J.-C.)

Les Femmes honnêtes........................... 1

BAST

Contes à ma voisine............................. 1

BEAUVOIR

Le Chevalier de Charny........................ 1
Le Chevalier de Saint-Georges................... 1
L'Ecolier de Cluny............................ 1
Mademoiselle de Choisy........................ 1
Les Mystères de l'île Saint-Louis............... 1
Le Pauvre diable............................ 1
Les Trois Rohan 1

BEECHER-STOWE (Mme)

La Case de l'oncle Tom, ou la Vie des nègres en Amérique. 1
La Fiancée du ministre......................... 1

BELL (Georges)

Scènes de la vie de château....................... 1

BELOT (Adolphe)

Vol.

La Fièvre de l'inconnu	1
Hélène et Mathilde	1
Les Voix amies	1

BERNARD

Les Ailes d'Icare	1
Le Gentilhomme campagnard	2
Un Homme sérieux	1

BERTHET (Elie)

La Famille Savigny	1
La Peine de mort	1

BIART (Lucien)

Entre frères et sœurs	1
Jeanne du Maurice	1

BOISGOBEY

Une Affaire mystérieuse	1

BONNAUD

Le Roman d'une princesse	1

BORCHGRAVE

Scènes intimes	1

BOSQUET

Une villégiature	1

BRADDON

Aurora Floyd	2
Le Capitaine du *Vautour*	1
La Chanteuse des rues	2
L'Héritage de Charlotte	2
Le Triomphe d'Éléanor	2

BRÉHAT

Vol.

L'Auberge du Soleil-d'Or.................................... 1
Les Chemins de la vie...................................... 1
Le Cousin aux millions.................................... 1
Deux amis... 1
Un Drame à Trouville...................................... 1
Une Femme étrange... 1
Les Orphelins de Tréguerec 1
René de Gavery.. 1

BREMER (Mlle)

L'Argent et le Travail.................................... 1
La Famille H***... 1
Le Foyer domestique....................................... 1
La Veuve et les Enfants................................... 1
La Vie de famille dans le nouveau monde 3

BRESSANT

Une Paria... 1

BRETEH (Mme)

Gabrielle. — Les Pervenches.............................. 1

CADOL

Contes gais... 1

CARRAUD (Mme)

Les Veillées de maître Patrigeon 1

CELIÈRES

Contez-nous cela ! 1
Une heure à lire.. 1

CERVANTES

Don Quichotte de la Manche................................ 2

CHASLES (Philarète)

Le Jeune Médecin.. 1

Vol.

Le Vieux Médecin 1
Le Médecin des pauvres 1

CHATEAUBRIAND

Atala.. 1
Atala. — René. — Les Abencerages............. 1
Les Martyrs.................................... 1
Les Natchez 1

CHERBULIEZ

Le Fiancé de Mademoiselle Saint-Maur 1
Le Grand OEuvre.............................. 1
Le Roman d'une honnête femme................. 1

CHESNEAU

La Chimère.................................... 1

CHEVALIER

Les Drames de l'Amérique du Nord.............. 1
Peaux-Rouges et peaux blanches............... 1

CHODZKO (Alexandre)

Contes des paysans et des pâtres slaves......... 1

CLARETIE (Jules)

La Fugitive.................................... 1
Le Renégat.................................... 1
Ruines et Fantômes............................ 1

Clémence ROBERT

L'Ange du peuple.............................. 1
Les Anges de Paris 1
L'Avocat du peuple 1
Le Baron de Trenck............................ 1
La Chambre criminelle 1
La Famille Calas (2 exemplaires)............... 2
La Fontaine maudite........................... 1
La Jacquerie (2 exemplaires)................... 2

	Vol.
Jeanne de Montfort	1
Le Martyr des prisons	1
Les Martyrs vengés	1
La Misère dorée (2 exemplaires)	2
Le Pasteur du peuple	1
Les Quatre Sergents de la Rochelle	1
René l'ouvrier	1
Le Secret de maître André	1
Un Serf russe	1

COLET (Mme)

Les Pays lumineux	1

COLLINS WILKIE

Les Deux Destinées	1
Mari et femme	2

CONSCIENCE (Henri)

L'Année des merveilles	1
L'Avare	1
Aurélien	1
Le Chemin de la fortune	1
Le Conscrit	1
Le Démon de l'argent	1
Le Jeune Docteur	1
La Guerre des paysans	1
Histoire de deux enfants d'ouvriers	1
Le Lion de Gand	1
Le Mal du siècle	1
Le Marchand d'Anvers	1
L'Oncle Reimond	1
Scènes de la vie flamande	2
La Sorciere flamande	1
Le Tribun de Gand	1
La Tombe de fer	1
Les Veillées flamandes	1

CONSTANT

Le Sorcier de Meudon	1

CONSTANT (Benjamin)

Vol.

Adolphe 1

COOPER (Fenimore)

Le Bourreau de Berne............................... 1
Le Bravo... 1
Le Corsaire.. 1
Le Cratère, ou le Robinson américain............... 1
Le dernier des Mohicans (2 exemplaires)............. 2
L'Ecumeur de mer.................................. 1
L'Espion 1
Le Feu follet..................................... 1
L'Heidenmauer..................................... 1
Le lac Ontario.................................... 1
Lucie Hardinge.................................... 1
Les Pionniers 1
La Prairie.. 1
Précaution, ou le Choix d'un mari.................. 1
Les Romans populaires............................. 2
Le Tueur des daims................................ 1

CORNE

Souvenirs d'un proscrit............................ 1

CROISY

Henriette... 1

CUMMINS (Miss)

L'Allumeur de réverbères........................... 1
Mabel Vaughan 1
La Rose du Liban.................................. 1

CURRER-BELL

Jane Eyre... 2

DASH (Comtesse)

Les Aventures d'une jeune mariée................... 1

Vol.

Les Châteaux en Afrique............................ 1
La Fée aux perles.................................. 1
La Femme de l'aveugle............................. 1
Les Femmes à Paris et en province................. 1
Un Fils naturel................................... 1
La Jeunesse de Louis XV........................... 1
Madame Louise de France.......................... 1
Les Malheurs d'une Reine 1
Le Neuf de pique.................................. 1
Les Secrets d'une Sorcière........................ 2
La Sorcière du Roi................................ 2

DAUDET (Alphonse)

Lettres de mon moulin............................. 1
Le Nabab.. 1
Numa Roumestan.................................... 1
Robert Helmont.................................... 1
Les Rois en exil 1

DAUDET (Ernest)

Les Persécutées................................... 1

DÉPRET

Le Roman de la poupée............................. 1

DÉQUET (Alphonse)

Clarisse.. 1

DESLYS

Sœur Louise....................................... 1

DESNOYERS

Les Aventures de Robert-Robert.................... 2

DHORMOYS

Une Visite chez Soulouque......................... 1

DICKENS

L'Ami commun...................................... 2

Vol.

Aventures de M. Pickwick...................... 2
Chefs-d'Œuvre.............................. 1
La Cloche du tocsin........................ 1
Contes d'un inconnu....................... 1
Contes de Noël (2 exemplaires)............... 2
Les Grandes Espérances..................... 2
Historiettes et récits du foyer................ 1
La Petite Dorrit........................... 2
Le Neveu de ma tante...................... 2
Paris et Londres........................... 1
Olivier Twist.............................. 1
Les Temps difficiles........................ 1

DOUBLET

Ezilda.................................... 1

DUMAS (ALEXANDRE)

Les Médicis (790-1737) 1
Le Prince des voleurs (1162-1187)............ 2
Robin Hood le Proscrit (1187-1218) 2
Charles le Téméraire (1356-1483)............ 2
Italiens et Flamands (1400-1554)............. 2
Henri IV, Louis XIII et Richelieu (1553-1643)........ 2
La Reine Margot (1552-1575)................ 2
La Dame de Monsoreau (1578)............... 3
Les Trois Mousquetaires (1625-1628)......... 2
Louis XIV et son siècle (1637-1715) (2 exemplaires)..... 8
Vingt ans après (1648-1649)................. 3
Le Vicomte de Bragelonne (1667)............ 6
Louis XVI et la Révolution (1754-1789)........ 2
Le Collier de la Reine (1784-1786)........... 3
Joseph Balsamo (1770-1774)................. 5
Ange Pitou (1789)......................... 2
La Comtesse de Charny (1789-1794).......... 6
Le Chevalier de Maison-Rouge (1793)........ 2
Le Drame de 93 (1789-1795)................ 3
Le Comte de Monte-Cristo (1845)............ 6
Les Mohicans de Paris (1827)............... 4
Salvator (1829)........................... 5

Vol.

Catherine Blum (1829)............................ 1
Parisiens et Provinciaux (1846).................... 2
Les Baleiniers (1852)............................ 2

DUMAS (Fils)

Antonine.. 1
La Dame aux Perles............................. 1

ENAULT (Etienne)

Danielle 1

ENAULT (Louis)

Alba 1
Christine.. 1
La Destinée..................................... 1
Un drame intime................................. 1
Hermine.. 1
Stella 1
La Veuve.. 1

ERCKMANN-CHATRIAN

Le Banni; roman patriotique...................... 1
Le Brigadier Frédéric............................ 1
Contes fantastiques.............................. 1
Romans nationaux............................... 2

ESQUIROS

Le Château enchanté............................. 1

FABRE (Ferdinand)

Les Courbezon................................... 1
Mademoiselle de Malavieille...................... 1

FATH (Georges)

La Prison de Schlusselbourg...................... 1

FAURÉ

Les Femmes dotées.............................. 1

FERRY (Gabriel)

Scènes de la vie sauvage au Mexique (2 exemplaires).... 2

FEUILLET (Octave)

Histoire de Sibylle............................ 1
Le Roman d'un jeune homme pauvre............... 1

FÉVAL (Paul)

Les Filles de Cabanil.......................... 1
Fontaine aux Perles........................... 1
Les Mystères de Londres....................... 1
Roger-Bontemps............................... 1

FEYDEAU

Consolation................................. 1

FIGUIER (Mme)

Nouvelles languedociennes 1
La Prédicante des Cévennes.................... 1

FLAUBERT (Gustave)

Madame Bovary.............................. 1
Trois contes................................ 1

FLEMING

Le Mystère de Catheron....................... 2

FORVILLE (Valois de)

Le Conscrit de l'an VIII....................... 1

FULLERTON (Lady)

L'Oiseau du bon Dieu......................... 1
Hélène Middleton............................ 1

GABORIAU

Le Capitaine Coutanceau...................... 1

CAGLIOSTRO

L'Interprète des songes.................................. Vol. 1

GARNERAY

Scènes maritimes...................................... 2

GASKELL

Marie Barton.. 1
Marguerite Hall....................................... 2
Ruth... 1

GAUTIER (Théophile)

Le Capitaine Fracasse................................. 2
Romans et Contes..................................... 1

GAY (Elisa)

Le Roman d'une jeune fille pauvre.................... 1

GAY (Sophie)

Laure d'Estell.. 1
Marie-Louise d'Orléans................................ 1
Souvenir d'une vieille femme.......................... 1

GEORGE SAND

François le Champi.................................... 1
Impressions et souvenirs 1
La Mare au diable..................................... 1
Le Marquis de Villemer............................... 1
La Petite Fadette..................................... 1
Promenades autour d'un village....................... 1

GÉRARD (Abbé)

Le Comte de Valmont................................. 6

GERSTÆCKER

Vol.

Aventures d'une colonie d'émigrants en Amérique.......	1
Les Brigands des prairies.........................	1
Les Deux Convicts.............................	1
Les Pirates du Mississipi........................	1

GIRARDIN (Mme Emile de)

Contes d'une vieille fille à ses neveux...............	1
Il ne faut pas jouer avec la douleur..................	1
Le Marquis de Pontanges........................	1
Le Vicomte de Launay...........................	4

GIRAUD

Deux histoires vraies...........................	1

GODWIN

Caleb Williams................................	2

GOETHE

Faust.......................................	1

GONCOURT

La Femme du XVIIIe siècle......................	1

GONZALÈS

Mémoires d'un ange............................	2

GOURAUD (Charles)

Cornélie	1

GOZLAN (Léon)

Le Faubourg mystérieux........................	1

GRAMONT (Comte de)

Les Gentilshommes pauvres......................	1
Les Gentilshommes riches.......................	1

GUÉROULT

La Bourgeoise d'Anvers............................ Vol. 1

GUILLON (Mme)

Cinq années de la vie des jeunes filles. 1

HALL (Capitaine)

Scènes de la vie maritime.......................... 1

HARRISON AINSWORTH

Abigail 1
Jack Sheppard................................... 2

HAWTHORNE

La Maison aux sept pignons....................... 1

HÉLOISE et ABÉLARD

Lettres 1

HERVILLY

Contes pour les grandes personnes.................. 1
Histoires de mariages............................. 1

HILDRETH

L'Esclave blanc.................................. 1

HOFFMANN

Contes fantastiques.............................. 1

HOUSSAYE (Arsène)

Blanche et Marguerite............................ 1
La Vertu de Rosine.............................. 1

IMMERMANN

Les Paysans de Westphalie........................ 1

JOLIET (Charles)

Vol.

Une reine de petite ville.......................... 1
Romans microscopiques 1

KARR (Alphonse)

Le Chemin le plus court.......................... 1
Contes et Nouvelles............................. 1
Une heure trop tard............................. 1
Sous les Tilleuls................................ 1
Voyage autour de mon jardin.................... 1

KERVIGAN

L'Anglais à Paris................................ 1

KOMPERT

Nouvelles juives................................ 1

KINGSTON

Aventures périlleuses chez les Peaux-Rouges.......... 1

LA LANDELLE

Un Corsaire sous la Terreur...................... 1
Les Passagères................................. 1
Pauvres et mendiants ; roman social............... 1

LA MADELAINE (Stephen de)

Le Secret d'une renommée....................... 1

LA MADELÈNE (Jules de)

Les Ames en peine 1
Brigitte....................................... 1

LAMARTINE

Graziella..................................... 1
Raphaël 1
Le Tailleur de pierres de Saint-Point............... 1

LANOYE (Ferdinand de)

Vol.

L'Homme sauvage 1

LAPOINTE

La Reine du faubourg. 1

LATOUCHE

Adrienne 1
Fragoletta. 1
France et Marie. 1
Grangeneuve 1
Un Mirage. 1

LAVALLÉE (Joseph)

Les Récits d'un vieux chasseur 1

LAVERGNE (Alexandre)

La Pension bourgeoise. 1

LAUNAY (Alphonse)

Suzanne Dumonceau. 1

LAURENT PICHAT

La Païenne. 1

LAWRENCE

L'Épée et la Robe. 1
Honneur stérile 2

LEDHUY CARLE

La Nuit terrible 1

LEFÈVRE (Emile)

Pauvre Jacques 1

LEGOUVÉ (Ernest)

Les Pères et les Enfants ; enfance. 1

Vol.

Les Pères et les Enfants ; jeunesse.................... 1
Nos Fils et nos Filles 1

LENNEP

Aventures de Ferdinand Huyck..................... 2

LESCURE

Les Cadets de Gascogne 1
Le Château de Barbe-Bleue........................ 1

LEVER (Charles)

O'Donoghue ; histoire d'une famille irlandaise 2

LORES (Edmond)

Raphaël et Margarita............................. 1

LOUANDRE

Chefs-d'œuvre des auteurs français 3

LYTTON-BULWER

Ernest Maltravers............................... 1
Jour et Nuit.................................... 2
Mon Roman.................................... 2

MALLEFILLE (Félicien)

La Confession du Gancho 1

MALO (F.)

Histoire et Voyages d'un enfant du peuple............. 1

MALOT (Hector)

Le Docteur Claude........... 2
Sans Famille 2
Séduction...................................... 1
Souvenirs d'un blessé, Suzanne...................... 1
Souvenirs d'un blessé, Miss Clifton 1

MANZONI

Les Fiancés .... Vol.
2

MAQUET

La Maison du baigneur............................. 2

MARCHAND-GÉRIN

La Nuit de la Toussaint........................... 1

MARCO-ANTONIO

Vingt ans d'exil.................................. 1

MARLOWE

Le Faust (traduction de François-Victor Hugo).......... 1

MARMIER

Les Drames de la mer............................. 1
Les Drames du cœur.............................. 1
Les Fiancés du Spitzberg......................... 1
Hélène et Suzanne............................... 1
Les Mémoires d'un orphelin 1
Le Roman d'un héritier........................... 1

MARRYAT (Capitaine)

Caïn le Pirate................................... 1
Newton Forter................................... 1
L'Officier de marine............................. 1

MARY-LAFON

La Bande mystérieuse............................ 1
Le Coureur des montagnes........................ 1

MASSON (Michel)

Contes de l'atelier.............................. 1

MAYNE-REID (Capitaine)

Bruin, ou les Chasseurs d'ours................... 1

Vol.

Les Chasseurs de chevelures. 1
Le Doigt du destin 1
La Piste de guerre. 1
Les Planteurs de la Jamaïque. 1
La Quarteronne. 1
Les Robinsons de terre ferme. 1
Le Roi des Seminoles. 1

MERVILLE

Les Gladiateurs ; Rome et Judée. 2
Satanella. 1

MÉRIMÉE

Colomba. 1

MÉRY

Les Damnés de l'Inde 1
La Floride. 1
Un Homme heureux 1

MEURICE (Paul)

Scènes du foyer. 1
Les Tyrans de village 1

MIRABEAU (Comtesse)

Hélène de Gardannes. 1

MOLÈNES (Paul de)

Aventures du temps passé. 1
Histoires intimes. 1

MOLÈNES (Mme Paul de)

L'Orpheline. 1

MONTEPIN

Les Enfers de Paris. 1

MORET

Les Femmes au cœur d'or .... Vol. 1

MOUY

Raymond 1

MULLER (Eugène)

La Boutique du marchand de nouveautés............. 1
Contes rustiques................................. 1
La Mionette 1

MURGER (Henri)

Les Buveurs d'eau............................... 1
Le Pays latin 1
Scènes de campagne (2 exemplaires)................ 2
Scènes de la vie de Bohême...................... 1

MURRAY

Le Jeune Brown.................................. 2

NADAR

Histoires buissonnières.......................... 1

NAVARRE (Reine de)

L'Heptaméron. — Contes......................... 1

NERVAL (Gérard de)

Sylvie 1

NODIER (Charles)

Contes, nouvelles................................ 2
Contes de la veillée............................. 1
Romans.. 1

NOEL (Octave)

Autour du foyer................................ 1

NOIR (Louis)

	Vol.
La Colonne infernale..........................	1
La Louve des Ardennes.........................	1
Les Vierges de Verdun.........................	1

OTTO (Ludwig)

Entre ciel et terre............................	1

OURLIAC

Les Contes de la famille........................	1

PARVILLE

Un Habitant de la planète Mars..................	1

PERCEVAL

Le Roman d'une paysanne.......................	1

PERRET (Paul)

Les Bourgeois de campagne......................	1
Histoire d'un honnête homme et d'une méchante femme..	1
L'Idole,......................................	1

POE (Edgar)

Aventures d'Arthur Gordon Pym.................	1
Histoires extraordinaires (2 exemplaires)..............	2
Nouvelles histoires extraordinaires..................	1

PONSON du TERRAIL

La Bohémienne du grand monde..................	1
La Juive du Château-Trompette..................	3
Le Nouveau maître d'école (2 exemplaires).............	2
Le Pacte du sang..............................	1

PONTMARTIN (A. de)

Contes et nouvelles............................	1
Pourquoi je reste à la campagne..................	1
Le Radeau de la Méduse........................	1

POUSCHKINE

La Fille du capitaine.............................. 1   Vol.

RABELAIS

OEuvres 1

RABOU (Charles)

Louison d'Arquien................................. 1

RÉVILLON (Tony)

Les Deux Compagnons............................. 1
L'Exilé.. 1
Le Faubourg Saint-Germain........................ 1
Histoire de trois enfants.......................... 1

REVOIL

Les harems du nouveau monde 1
La Sirène de l'enfer.............................. 1

REYBAUD (Mme)

Espagnoles et Françaises 1
Misé Brun.. 1

REYBAUD (Louis)

La Comtesse de Mauléon........................... 1
Jérôme Paturot à la recherche de la meilleure des Répu-
   bliques 1
Jérôme Paturot à la recherche d'une position sociale..... 1
La Vie à rebours................................. 1
La Vie de corsaire............................... 1

REYNOLDS

Les Drames de Londres........................... 1
Le Nouveau Monte-Cristo......................... 1

RICHEBOURG

La Fille du chanvrier 1

ROCHE (Régina)

La Chapelle du vieux château...................... Vol. 1

ROLAND (Mme)

Lettres choisies............................... 1

ROLLAND (Amédée)

Les Martys du foyer.............................. 1

SAINTE-BEUVE

Volupté...................................... 1

SAINTINE

Picciola (2 exemplaires)........................ 2

SANDEAU (Jules)

Catherine.................................... 1
Le Docteur Herbeau............................ 1
Le Jour sans lendemain........................ 1
Madame de Sommerville......................... 1
Madeleine.................................... 1
Mademoiselle de la Seiglière................... 1
Marianna..................................... 1
La Roche aux mouettes......................... 1

SARCEY (Francisque)

Les Misères d'un fonctionnaire chinois......... 1

SARDOU

La Perle noire................................ 1

SAUNIÈRE

Le Roi Misère................................. 1

SCARRON

Le Roman comique.............................. 1

SCHWARTZ (Mme)

Vol.

La Veuve et ses Enfants.......................... 1

SECOND ALBÉRIC

Les Demoiselles du Ronçay......................... 1

SÉGALAS (Mme)

Les Magiciennes d'aujourd'hui...................... 1

SILVESTRE (Théophile)

Plaisirs rustiques (2 exemplaires)................... 2

SOULIÉ (Frédéric)

Le Bananier.. 1
Le Château des Pyrénées............................ 1
Le Comte de Toulouse.............................. 1
Les Deux cadavres................................. 1
Un été à Meudon.................................. 1
Les Forgerons..................................... 1
Huit jours au château.............................. 1
Les quatre Sœurs.................................. 1
Si jeunesse savait, si vieillesse pouvait.............. 2
Le Vicomte de Béziers............................. 1

SOUVESTRE (Émile)

Au coin du feu.................................... 1
Les Clairières..................................... 1
Confessions d'un ouvrier........................... 1
Dans la prairie.................................... 1
Les Derniers Bretons.............................. 2
Les Deux misères................................. 1
Les Drames parisiens. — Scènes de la vie intime....... 1
En famille.. 1
La Goutte d'eau................................... 1
L'Homme et l'Argent............................... 1
Loin du pays...................................... 1
La Lune de miel................................... 1
Le Mémorial de famille............................ 1

	Vol.
Le Mendiant de Saint-Roch.....................	1
Le Monde tel qu'il sera.......................	1
Le Pasteur d'hommes.........................	1
Un Philosophe sous les toits..................	1
Pierre et Jean.............................	1
Les Promenades matinales....................	1
Riche et pauvre............................	1
Le Roi du Monde...........................	1
Scènes de la chouannerie....................	1
Scènes de la vie intime.....................	1
Scènes et Récits des Alpes..................	1
Les Soirées de Meudon......................	1
Sous les filets............................	1
Souvenirs d'un vieillard	1
Sur la Pelouse............................	1

STALH

Histoire de la famille Chester et de deux petits orphelins..	1

STENDHAL

La Chartreuse de Parme......................	1
Le Rouge et le Noir........................	2

STEPHENS (Miss)

Opulence et Misère	1

SUE (Eugène)

Arthur....................................	2
Adèle Verneuil............................	1
Clémence Hervé...........................	1
La Grande Dame	1
Les Fils de famille........................	2
Les Misères des enfants trouvés.............	4
Les Mystères de Paris......................	1

THACKERAY (Miss)

Le Roman d'Elisabeth.......................	1

THACKERAY (M.-W.)

Vol.

La Foire aux vanités........................... 2

TOPFFER

Nouvelles genevoises............................ 1
Le Presbytère.................................. 1

TOURGUÉNEFF

Etranges histoires 1
Une Nichée de gentilshommes...................... 1
Mémoires d'un seigneur russe..................... 2
Pères et Enfants............................... 1

TROLOPPE

La Pupille.................................... 1

ULBACH

Histoire d'une mère et de ses enfants................ 1
Les Roués sans le savoir........................ 1

VALLÉE (Oscar de)

Les Manieurs d'argent........................... 1

VALREY

Marthe de Montbrun............................ 1

VERNE (Jules)

Aventures de trois Russes et de trois Anglais dans l'Afri-
    que australe. — Le Tour du monde en quatre-vingts
    jours 1
Le Chancelor 1
Cinq Semaines en ballon. — Voyage au centre de la terre. 1
Découverte de la terre 1
De la terre à la lune. — Autour de la lune............. 1
Le Docteur Ox 1
Les Enfants du capitaine Grant.................... 1
Hector Servadac; voyages à travers le monde solaire..... 1

Vol.

L'Ile mystérieuse.. 1
Les Indes noires... 1
Le Pays des fourrures....................................... 1
Vingt mille lieues sous les mers 2
Voyages du capitaine Hatteras........................... 1

VÉRON (Pierre)

La Foire aux grotesques................................... 1

VICTOR HUGO

Han d'Islande... 1
L'Homme qui rit.. 1
Les Misérables.. 1
Notre-Dame de Paris.. 1

VIGNY (Alfred de)

Cinq-Mars... 1
Laurette... 1
Servitude et grandeur militaire.......................... 1
Veillée de Vincennes... 1
La Vie et la Mort du capitaine Renaud................. 1
Stello 1

VITU (Auguste)

Ombres et vieux murs 1

WALTER SCOTT

La Jolie Fille de Perth...................................... 1
Le Pirate.. 1
Rob-Roy... 1
Anne de Geirstein (2 exemplaires)....................... 2
L'Antiquaire (2 exemplaires) 2
Les Aventures de Nigel...................................... 1
Les Fiancés.. 1
La Démonologie... 1
Les Chroniques de la Canongate.......................... 1
Marmion. — La Dame du lac.............................. 1
Le Nain noir. — Robert de Paris 1

Vol.

Peveril du Pic... 1
La Prison du Mid-Lothian............................ 1
Redgauntlet... 1
Wawerley... 1
La Fiancée de Lammermoor......................... 1
Guy Mannering... 1
Kenilworth... 1
Le Monastère... 1
L'Abbé.. 1
Les Eaux de Saint-Ronan............................ 1
Le Talisman.. 1
Le Vieillard des tombeaux........................... 1

WEY FRANCIS

Les Anglais chez eux.................................. 1
Petits romans.. 1

ZACCONE (PIERRE)

Les Aventuriers de Paris (2 exemplaires)........... 2
Les Compagnons noirs................................. 1
Les Mansardes de Paris............................... 1
La Vivandière des Zouaves.......................... 1

ZSCHOKKE

Le Château d'Aarau................................... 1

CHAPITRE VI. — LETTRE F.

HISTOIRE

ALESPOL (Saint)

Vol.

Vingt et un mois de vie monastique. 1

ANONYMES

Histoire nationale de France. 1
Histoire des prisons d'Etat. — Le Donjon de Vincennes. . . 1

AURIAC (Eugène)

Histoire anecdotique de l'industrie française. 1

BARET

Les Troubadours et leur influence. 1

BATIFFOL

Causes et remèdes de nos désastres en 1870. 1

BERNARD

Les Fêtes célèbres. 1

BLANC (Charles)

Les Beaux-Arts à l'Exposition de 1878. 1

BLANC

Vol.

Souvenir d'un vieux zouave........................ 2

BOISSONNAS (Mᵐᵉ)

Une Famille pendant la guerre de 1870............ 1

BONNEMÈRE (Eugène)

Histoire des Camisards............................ 1

BOSSUET

Discours sur l'Histoire universelle (2 exemplaires)....... 3

BOURRASSÉ (Abbé)

Les Cathédrales de France........................ 1

BOURNET

Venise... 1

BREYNAT (Jules)

Les Socialistes................................... 1

CAHEN

Manuel d'Histoire universelle..................... 1

CAMOENS (Luis de)

Lusiades... 1

CAPEFIGUE

Louis XVIII et la comtesse de Cayla................. 1
La Société et les Gouvernements depuis 1848.......... 4

CHADEUIL (Gustave)

Histoire de la campagne d'Italie.................... 2

CHATEAUBRIAND

Etudes et Discours sur la chute de l'Empire romain. 1

CHERVILLE

Vol.

Pauvres bêtes, pauvres gens...................... 1

CHRISTIAN

Histoire des pirates et corsaires.................. 4

CICÉRON

Lettres à Atticus............................... 5
Lettres familières.............................. 5

CLARETIE (Jules)

L'Art et les artistes français..................... 1
Histoire de la Révolution 1870-1871 1

CLAUSOLLES

Histoire de l'Algérie........................... 1

CLÉRY

Louis XVI à la tour du Temple................... 1

COMBES (Louis)

Episodes et curiosités révolutionnaires............ 1

COURIER (Paul-Louis)

OEuvres...................................... 1

DELAUNAY (Ferdinand)

Moines et Sibylles............................. 1

DEPPING

Merveilles de la nature en France 1

DEULIN

Chez les voisins............................... 1

DEVILLE

Une Semaine Sainte à Jérusalem................. 1

DONCOURT

Vol.

Les Fastes militaires de la France 1

DRUMONT

Mon Vieux Paris.................................... 1

DUBOIS

Les Derniers Jours de l'exilé. 1

DUGAST (H.)

Souvenirs de l'ambulance de la Côte-d'Or.............. 1

DUPRAT (Pascal)

Les Encyclopédistes................................ 1

DURUY (Victor)

Histoire de France................................. 2
Résumé de l'histoire de France 1
Histoire de l'Europe (de 395 à 1270)............... 1
Histoire de l'Europe (de 1270 à 1610)............... 1
Abrégé d'histoire grecque........................... 1
Abrégé d'histoire romaine........................... 1
Histoire des temps modernes (de 1453 à 1789).......... 1

DUVAL (Jules)

Notre Pays 1

ERCKMANN-CHATRIAN

Une Campagne en Kabylie 1
Histoire d'un paysan................................ 1

ESQUIROS (Alphonse)

L'Esprit des Anglais................................ 1

EYNAUD (Albert)

Scène de la vie orientale........................... 1

FAUR (A. du) Comte de Pibrac.

Vol.

Histoire de Pibrac.. 1

FÉRÉAL

Les Mystères de l'Inquisition........................ 1

FIGUIER

Les Grandes Inventions modernes dans les sciences et
l'industrie.. 1
Histoire du merveilleux............................... 4

FORTOUL

Les Fastes de Versailles............................. 1

GABOURD

Histoire de Louis XIV................................. 1

GASPARIN

Un Grand Peuple qui se relève........................ 1

GEORGE SAND

Légendes rustiques................................... 1

GOZLAN (Léon)

Les Châteaux de France............................... 2

GUIZOT

La France et la Prusse............................... 1
Histoire de la civilisation en Europe (édition princeps)... 1
Histoire de la civilisation en Europe................ 1
Histoire de la civilisation en France................ 4

HALL (Capitaine)

Scènes de bord et de la Terre-Ferme.................. 1

HAURÉAU

Inquisition albigeoise............................... 1

Vol.

Charlemagne et sa cour 1

HÉRODOTE

Histoires.. 1

HOUSSAYE (Henri)

L'Art français..... 1

HUARD (Adolphe)

Le Martyr de Sainte-Hélène, Napoléon Ier. 1

HUGO (A.)

France pittoresque et statistique des départements...... 3

HUGONNET

Souvenirs d'un chef de bureau arabe.................. 1

JOINVILLE (Prince de)

Guerre d'Amérique (1862)......................... 1

JOLIET

L'envers d'une campagne (1859).................... 1

JUNG

La France et Rome................................ 1

LABOURIEU

Mémoires d'un déporté............................ 1

LACOMBE

Les Armes et les Armures......................... 1

LACRETELLE

Histoire du Consulat et de l'Empire.................. 6

LAMARTINE

Histoire des Constituants......................... 4

Vol.

Histoire des Girondins............................. 3
Trois mois au pouvoir............................. 1

LANDELLE

Mœurs maritimes................................. 1

LANFREY

Essai sur la Révolution........................... 1
Histoire de Napoléon Ier......................... 5

LANOYE (Ferdinand)

La Sibérie (2 exemplaires)........................ 2

LARROQUE

De le guerre et des armées permanentes.............. 1

LAS CASES

Mémorial de Sainte-Hélène 1

LATOUR

L'Espagne...................................... 1

LAUGEL

Grandes figures historiques....................... 1

LAVALLÉE (Théophile)

Histoire des Français............................ 6

LEFEVRE-PONTALIS

Les Lois et les Mœurs électorales en France et en Angleterre 1

LEGOUVÉ (Ernest)

Histoire morale des Femmes 1

MACAULAY

Révolution d'Angleterre.......................... 2

MACKENZIE WALLACE

La Russie.. Vol. 2

MAGEN

Histoire populaire de la Révolution française............ 1
Histoire populaire du Consulat et de l'Empire........... 1
Histoire populaire du second Empire.................... 1

MAQUET

Histoire de la Bastille.................................... 1

MARC-MONNIER

Pompéi et les Pompéiens (2 exemplaires)............... 2

MARTIN (Henri)

Histoire populaire de la France........................ 6

MARY-LAFON

Mille ans de guerre.................................... 1

MAYNE-REID (Capitaine)

Les Peuples étranges (2 exemplaires).................. 2

MÉRY

Une Conspiration au Louvre............................ 1
Une Histoire de famille................................ 1

MICHELET

Les Femmes de la Révolution.......................... 1
François Ier et Charles-Quint........................... 1
Les Soldats de la Révolution 1

MIGNET

Histoire de Marie Stuart............................... 2
Histoire de la Révolution française................... 2

MONCAUT

Vol.

Histoire du caractère et de l'esprit français............ 3

MONTALIVET

Dix-huit ans de gouvernement parlementaire.......... 1

MORNAND

La Vie arabe................................... 1

OSMAN-BEY

Les Femmes en Turquie........................ 1

PAGANEL

Histoire de Frédéric le Grand.................... 1

PAYA

Naples...................................... 1

PELLETAN (Eugène)

Histoire des Trois Journées de 1848................ 1
La Famille. — La Mère........................ 1
Profession de foi du dix-neuvième siècle............ 1

PELLETAN (Camille)

Le Comité central de la Commune................ 1

PERCOT

Histoire contemporaine........................ 1

PLINE (Le jeune)

OEuvres.................................... 3

PRÉSEAU

Les Grandes Figures nationales.................. 1

PROUDHON

Idée générale de la Révolution...................... Vol. 1

QUINET (Mme)

Paris, journal du siège............................ 1

RAUDOT

Napoléon Ier peint par lui-même.................... 1

RITTIEZ

Histoire du règne de Louis-Philippe Ier.............. 3

ROBERSTON

Histoire de l'Amérique............................ 2

SAINT-SIMON (Duc de)

Louis XIV et sa cour............................. 1

SARRASIN

En Voiture cellulaire............................. 1

SIMONIN

Le Monde américain............................. 1

SISMONDI

Histoire des Français............................. 3

STENDHAL

Promenades dans Rome........................... 1

SUE (Eugène)

Histoire de la marine française 4

TACITE

	Vol.
OEuvres complètes	2

THIERS

Histoire de la Révolution française	4
Histoire du Consulat	1
Histoire de l'Empire	4

THIERRY

Lettres sur l'histoire de France	1

TISSOT

Voyage au pays des milliards	1
Voyage aux pays annexés	1

TOCQUEVILLE (Comte DE)

Coup d'œil sur le règne de Louis XVI	1

TOURGUÉNEFF

Terres vierges	1

TRAILLES

Les Femmes de France pendant la guerre de 1870	1

VALOIS (MARGUERITE DE)

Ses Mémoires	1

VAULABELLE

Histoire des deux Restaurations, jusqu'en 1830	8

VICTOR HUGO

Quatre-Vingt-Treize	1
Les Travailleurs de la mer. — Bug-Jargal	1

VIMONT (CHARLES)

Histoire d'un navire	1

CHAPITRE VII. — LETTRE G.

VOYAGES. — GÉOGRAPHIE.

AGASSIZ (M. et Mme)

Vol.

Voyage au Brésil............................. 1

AMICIS (Edmondo)

L'Espagne (traduction de Mme Colomb)............... 1

BERCHÈRE

Le Désert de Suez............................. 1

BÉZAURE

Le Fleuve bleu, voyage dans la Chine occidentale........ 1

BRÉHAT

Aventures d'un petit parisien.................... 1

CARREY

Le Pérou, sa description......................... 1

CARTERON

Voyage en Algérie; usages des arabes................ 1

CASTELLA

Vol.

Les Squatters australiens.......................... 1

CHARMES

Cinq mois au Caire et dans la basse Egypte........... 1

CHATEAUBRIAND

Itinéraire de Paris à Jérusalem (2 exemplaires)........ 3
Voyage en Amérique.............................. 1

COMPIÈGNE (Marquis de)

L'Afrique équatoriale 1

COOK (Capitaine)

Premier Voyage autour du monde................... 1

CUVILLIER-FLEURY

Voyage et voyageurs.............................. 1

DUCAMP (Maxime)

Orient et Italie ; souvenirs de voyage................ 1

DUMONT-D'URVILLE

Voyage autour du monde.......................... 2

ERNOUF (Baron)

Le Caucase. — La Perse. — La Turquie d'Asie.......... 1

EYMA (Xavier)

La Vie aux Etats-Unis............................. 1

FERNAND CORTÈS.

Lettres à Charles-Quint............................ 1

FONVIELLE

La Conquête du pôle Nord......................... 1

FORTUNE ROBERT

Vol.

Aventures et voyages en Chine. — Fleurs et thé......... 1

FOURCADE

Album des Pyrénées.................................. 1

FRILLEY

Le Monténégro contemporain........................ 1

FROMENTIN

Un Été dans le Sahara.............................. 1

GARNIER (Jules)

La Nouvelle-Calédonie............................. 1
Océanie.. 1

GOBINEAU

Voyage à Terre-Neuve.............................. 1

GOBLET

Inde et Himalaya; souvenirs de voyage.............. 1

HALL

Deux ans chez les Esquimaux....................... 1

HAVARD

La Hollande : la Zélande et le Brabant.............. 1

HOMMAIRE (Mme)

Voyage dans les steppes de la mer Caspienne et en Russie. 1

IRVING WASHINGTON

Histoire de la vie et des voyages de Christophe Colomb... 2

JACOLLIOT

Voyage aux pays mystérieux........................ 1

6

JOUHANNEAUD

Vol.

Album des voyages anciens et modernes.............. 1

KRAFFT (Mme)

Un tour dans l'Italie du Nord........................ 1

LABOULAYE (Edmond)

Souvenirs d'un voyageur. — Nouvelles............... 1

LA GRAVIÈRE (Vice-amiral Jurien de)

La Station du Levant 2
Voyage dans les mers de Chine..................... 2

LAMARTINE

Voyage en Orient 2

LAMOTHE

Le Secret du pôle 1

LAMY

A travers mers et forêts.......................... 1

LANDRIN

Les Plages de la France 1

LANOYE (Ferdinand)

L'Inde contemporaine. — Le Japon 1
Le Nil, son bassin et ses sources................. 1

LAUGEL

Italie, Sicile, Bohême 1

LECLERCG

Voyage aux îles Fortunées et Canaries 1

LENOIR

Le Fayoum, le Sinaï et Pétra...................... 1

LEOUZON LE DUC

Vol.

L'Ours du Nord.. 1
Le Renne... 1

LESSEPS (Jean-Baptiste de)

Voyage du Kamtschatka............................. 1

LIVINGSTONE (David)

Voyage au Zambèze et dans l'Afrique centrale.......... 1

LOREAU (Mme)

Voyage du capitaine Burton à la Mecque, aux grands lacs
d'Afrique et chez les Mormons..................... 1

MARCO POLO

Récits sur les Mongols, sur l'Empire chinois............ 1

MARMIER

Les Voyageurs nouveaux............................. 3

MAYNE-REID

Les Naufragés de l'île de Bornéo..................... 1

MEIGNAN (Victor)

De Paris à Pékin par terre. — Sibérie. — Mongolie..... 1

MILTON et CHEALDE

Voyage de l'Atlantique au Pacifique à travers le Canada;
les montagnes Rocheuses et la Colombie anglaise (2 exemplaires)... 2

MOGES (Marquis de)

Souvenirs d'une ambassade en Chine et au Japon....... 1

MOUHOT

Voyage dans les royaumes de Siam, de Cambodge (2 exemplaires... 2

MOUY

Vol.

Lettres du Bosphore. — Bucharest. — Constantinople. — Athènes 1

MOYNE (Abbé)

Italie ; guide du jeune voyageur...................... 1

MULLER

Un Français en Sibérie............................ 1

NERVAL (Gérard de)

Voyage en Orient................................ 2

PALGRAVE

Une année dans l'Arabie centrale (3 exemplaires)........ 4

PERTHES (BOUCHER de)

Voyage en Angleterre, Ecosse, Irlande............... 1

PFEIFFER (Mme)

Voyage autour du monde......................... 1

RADIGUET

Souvenirs de l'Amérique espagnole. — Chili. — Pérou.— Brésil (2 exemplaires)........................... 2

RAFFRAY

Afrique orientale. — Abyssinie.................... 1

RÉACH

Voyage dans les Indes occidentales................. 1

ROBIANO (Comte de)

Dix-huit mois dans l'Amérique du Sud.............. 1

ROCHECHOUART (Comte de)

Vol.

Excursions autour du monde (2 exemplaires)........... 4

ROQUE PHOCION

Athènes d'après le colonel Leake.................... 1

SMILES SAMUEL

Voyage d'un jeune garçon autour du monde........... 1

SPEKE et GRANT

Les Sources du Nil ; voyage...................... 1

STALH

Mon premier voyage en mer...................... 1

STANLEY

Lettres sur ses voyages dans l'Afrique équatoriale....... 1

STENDHAL

Mémoires d'un touriste.......................... 2

STERNE

Voyage sentimental............................. 1

VANDAL

En Karriole, en Suède et en Norwège. 1

VARIGNY

Quatorze ans aux îles Sandwich.................... 1

VICTOR HUGO

Le Rhin. — Le dernier jour d'un condamné, suivi de
Claude Gueux............................. 1

VILLETARD

Le Japon (2 exemplaires)........................ 2

VOGUÉ (Vicomte DE)

WOGAN (Baron DE)

CHAPITRE VIII. — LETTRE H.

AGRICULTURE. — INDUSTRIE

BAUDRIMONT

Préparation et amélioration des fumiers et des engrais.... Vol. 1

BODIN

Éléments d'agriculture 1

CARRIÈRE

La Vigne 1

DAMPIERRE

Races bovines 1

DOMBASLE

Calendrier du cultivateur......................... 1

GAUCHERON

Nouveau cours d'agriculture 1

GIRARDIN

Des fumiers et autres engrais animaux............... 1

GUYOT

Vol.

Culture de la vigne et vinification..................... 1
Sur la viticulture du sud-ouest de la France............ 1

HUMBERT

Jean le Dénicheur............................... 1

JOIGNEAUX

Les Champs et les Prés........................... 1

LAURENÇON

Traité d'agriculture.............................. 1

LEFOUR

Sol. — Engrais. — Animaux........................ 1

LENOIR

Notions usuelles d'agriculture...................... 1

MARIOT-DIDIEUX

Poules... 1
Oies, canards................................... 1

MONTAUGÉ (THÉRON DE)

L'Agriculture et les classes rurales dans le pays toulousain. 1

MOREAU DE JONNÈS

Statistique de l'industrie de la France 1

PAQUET

Plantes potagères................................ 1

PASSY (FRÉDÉRIC)

Les Machines et leur influence sur le développement de
l'humanité 1

SAINT-FÉLIX

Météorologie du cultivateur 1

CHAPITRE IX. — LETTRE K.

ÉCONOMIE POLITIQUE. — SCIENCE SOCIALE

AIMÉ-MARTIN

Vol.

Civilisation du genre humain par les femmes   1

AUDIGANNE

L'Économie de la paix et la richesse des peuples (2 exem-
plaires)   2

BAUDRILLART

Eléments d'économie rurale, industrielle, commerciale . . .   1

BEAUMONT (Gustave de)

L'Irlande sociale, politique et religieuse   2

BIRET

Manuel formulaire de tous les actes sous signatures privées.   1

BLANC (Louis)

Organisation du travail   1

BLOCK

Vol.

Administration de la France. — Le département. — La
commune...................................... 1

BOUVIER

Les Pauvres...................................... 1

BROQUA

Extinction du paupérisme......................... 1

CAMILLE DESMOULINS

OEuvres recueillies et publiées par Claretie............ 2

CHANNING

OEuvres sociales................................. 1

CHATEAUBRIAND

Mélanges politiques et littéraires..................... 1

CHAUFFOUR

Les Réformateurs du seizième siècle................. 2

COHADON

Guide de l'association............................. 1

CONSIDÉRANT (Victor)

Destinée sociale.................................. 2
Le Socialisme devant le vieux monde................. 1

DAIN, CONSIDÉRANT, D'IZALGUIER

Discours prononcés à l'Hôtel-de-Ville de Paris.......... 1

DELBRUCK

Visite à la crèche modèle......................... 1

DIVERS

Conférences faites à l'asile de Vincennes............. 8

DUBOST

Vol.

Danton et la politique contemporaine.................. 1

FOUILLÉE (Alfred)

La Science sociale contemporaine.................... 1

FOURIER (Charles)

Théorie des quatre mouvements (1808) 1
Théorie de l'unité universelle (1822) 2
Le Nouveau Monde (1829)........................ 1
Cosmogonie 1
Histoire sociale. — Commerce...................... 1
Des Passions 1

GARNIER (Joseph)

Eléments d'économie politique 1

GIRARDIN (Emile de)

La Liberté 1

GOURAUD (Charles)

Les Destinées ; de l'inégalité entre les hommes 1
La Société française et la démocratie 1

LABORDE

Esprit d'association............................. 1

LAMENNAIS et VIGOUREUX (Clarisse)

Paroles d'un croyant. — Livre du peuple. — Une voix de
    prison. — Parole de Providence 1

LAVERGNE (Léonce de)

Economie rurale de la France...................... 1

LEBON (Léon)

La Paix sociale 1

LE ROUSSEAU

Vol.

L'Association de l'ouvrier aux bénéfices du patron....... 1

LEROY-BEAULIEU

La Question ouvrière du dix-neuvième siècle........... 1
Recherches économiques, historiques et statistiques sur les
    guerres contemporaines (1853-1866)................ 1
Le Travail des femmes au dix-neuvième siècle.......... 1

MÉDIUS

Lettres aux personnes sympathiques aux idées sociales... 1

MIRECOURT

La Bourse, ses abus et ses mystères.................. 1

MOLINARI

Le Mouvement socialiste avant le 4 septembre 1870, suivi
    de la pacification du capital et du travail............ 1

MUIRON (JUST)

Vices des procédés industriels 1

PAGET (AMÉDÉE)

Introduction à l'Etude de la science sociale............ 1

PELLETAN (EUGÈNE)

Le droit de parler................................. 1

PROUDHON

La Guerre et la Paix............................... 2
Système des contradictions économiques.............. 2

SIMON (JULES)

La Liberté civile.................................. 1
L'Ouvrier de huit ans.............................. 1

THIERS

	Vol.
De la Propriété	1
Histoire de Law	1

VACHEROT

La Démocratie	1

VÉRON (Eugène)

Les Associations ouvrières de consommation, de crédit et de production	1

VIDAL

Vivre en travaillant	1

VILLERMÉ

Des Associations ouvrières	1

WAILLY (J. de)

Scènes de la vie de famille	1

WALRAS

Les Associations ouvrières de consommation, de crédit et de production	1

CHAPITRE X. — LETTRE L.

PANTHÉON LITTÉRAIRE.

AIMÉ-MARTIN

Vol.

Lettres édifiantes et curieuses...................... 4

BACON

OEuvres philosophiques, morales et politiques.......... 1

BERNARDIN DE SAINT-PIERRE

OEuvres complètes............................... 2

BOILEAU, MALHERBE, J.-B. ROUSSEAU

OEuvres.. 1

BUFFON

OEuvres complètes............................... 6

CONFUCIUS, MANOU, MAHOMET

Les Livres sacrés de l'Orient...................... 4

CORNEILLE (Pierre)

OEuvres complètes, suivies des OEuvres choisies de Thomas Corneille................................ 2

DESCARTES

OEuvres philosophiques .... **Vol.**
1

DIVERS

Petits Poètes français depuis Malherbe jusqu'à nos jours.. 2
Poètes Latins... 1
Romans des quinzième et seizième siècles.............. 1
Théâtre français au moyen âge. 1
Théâtre complet des Latins............................ 1

FÉNELON

OEuvres choisies.................................... 1

LACÉPÈDE

Histoire naturelle faisant suite à Buffon.............. 2

LA FONTAINE

OEuvres complètes.................................. 1

LAHARPE

Cours de Littérature ancienne et moderne............. 2

LE SAGE

OEuvres complètes.................................. 1

MALTE-BRUN

Géographie universelle avec Atlas..................... 6

MOLIÈRE

OEuvres complètes.................................. 1

MONTAIGNE

Essais.. 1

MONTESQUIEU

OEuvres complètes.................................. 1

Vol.

PLATON

OEuvres complètes................................ 2

RACINE

OEuvres complètes................................ 1

ROUSSEAU (J.-J.)

OEuvres complètes................................ 4

SÉGUR

Histoire universelle.............................. 3

SÉNÈQUE

OEuvres complètes................................ 1

STAEL (Mᵐᵉ ᴅᴇ)

OEuvres complètes................................ 2

STERNE ᴇᴛ GOLDSMITH

OEuvres complètes................................ 1

VIRGILE, LUCRÈCE

OEuvres complètes................................ 1

VOLNEY

OEuvres complètes................................ 1

VOLTAIRE

OEuvres complètes................................ 13

CHAPITRE XI. — LETTRE P.

SCIENCES

BADIN

Vol.

Grottes et cavernes................................. 1

BERTRAND (ALEXANDRE)

Lettres sur les révolutions du globe.................. 1

BERTRAND (JOSEPH)

Les Fondateurs de l'astronomie moderne.............. 1

BIART (LUCIEN)

Aventures d'un jeune naturaliste 1

BICHAT

Recherches sur la vie et la mort..................... 1

BOCQUILLON

La Vie des plantes................................. 1

BOURDON

Eléments d'arithmétique............................ 1

BOURDON (Isidore)

La Physiognomonie et la phrénologie 1

Vol.

BOUTAN et d'ALMÉIDA

Cours élémentaire de physique (1re édition) 1
Traité de physique (2e édition)..................... 2

BRÉVANS

La Migration des oiseaux 1

BRISSE et ANDRÉ

Cours de physique 1

BUCHAN

Médecine domestique 5

BUFFON

OEuvres choisies................................. 2

CLAIRAUT

Eléments d'algèbre 2
Eléments de géométrie........................... 1

COMTE (Auguste)

Traité philosophique d'astronomie 1

COUSIN DESPRÉAUX

Les Leçons de la nature........................... 1

CUVIER

Discours sur les révolutions du globe 1

DANIS (Docteur)

Autour d'un berceau 1

DEBRAY

Cours élémentaire de chimie (2 exemplaires) 2

DEHARME

Vol.

Les Merveilles de la locomotion...................... 1

DELAUNAY

Cours élémentaire d'astronomie...................... 1
Mécanique.. 1

DELAFOSSE

Précis élémentaire d'histoire naturelle................ 1

DUCOIN-GIRARDIN

Entretiens sur la physique......................... 1

DUMONCEL

Le Téléphone, le Microphone et le Phonographe......... 1

EULER

Lettres à une princesse d'Allemagne................. 2

FABRE

Chimie élémentaire................................ 1
Physique élémentaire.............................. 1
Le Ciel 1
La Terre... 1

FAYE

Leçons de cosmographie............................ 1

FIGUIER

Le Savant du foyer................................ 1
La Terre avant le déluge........................... 1

FLAMMARION

Petite astronomie descriptive....................... 1
Les Merveilles célestes 1

FLOURENS

Vol.

Examen du darwinisme 1
Instinct et intelligence des animaux 1

FONVIELLE

Eclairs et tonnerre 1
Les Merveilles du monde invisible 1

GALL (Docteur)

Cranologie 1

GARRIGUES

Lectures sur les sciences, les arts et les industries 1

GIFFARD

La Lumière électrique 1
Le Phonographe 1
Le Téléphone 1

GIRARD (Jules)

Les Plantes étudiées au microscope 1

GIRARD (Maurice)

Le Phylloxéra de la vigne 1

GRATIOLET

De la Physionomie et des mouvements d'expression 1

GYOUX

Education de l'enfant au berceau 1

GUILLEMIN

Les Etoiles (2 exemplaires) 2
La Lumière et les Couleurs 1
La Lune 1
Traité des chemins de fer (2 exemplaires) 2

Vol.

Le Soleil.. 1
La Vapeur.. 1

HÉLÈNE (MAXIME)

Les Galeries souterraines........................... 1

HERSCHELL

Traité d'astronomie................................. 1

JAMIN (JULES)

Petit traité de physique............................ 1

JUSSIEU (LAURENT DE)

Notions de physique et d'histoire naturelle............ 1

LANDRIN

Les Monstres marins................................ 1

LAVATER

De la Physionomie.................................. 1

LEGENDRE

Géométrie.. 1

LEFEBURE DE FOURCY

Traité d'algèbre.................................... 1
Traité de géométrie descriptive..................... 1
Traité de géométrie analytique...................... 1

LEVÊQUE (CHARLES)

Les Harmonies providentielles....................... 1

LOUPOT-MUTEL

Cours de cosmographie.............................. 1

MACÉ (JEAN)

Histoire d'une bouchée de pain...................... 1
Les Serviteurs de l'estomac......................... 1

MANGIN (Arthur)

Vol.

L'Homme et la bête............................. 1

MAREY-MONGE

Etudes sur l'aérostation......................... 1

MARION

Les Ballons et les voyages aériens.................. 1
Les Merveilles de la végétation (2 exemplaires).......... 2

MARZY

Hydraulique................................ 1

MAURY (Alfred)

La Terre et l'Homme.......................... 1

MAYER et CHOQUET

Traité élémentaire d'algèbre..................... 1

MENAULT

L'Amour maternel chez les animaux................. 1
L'Intelligence des animaux 1

MICHELET

La Mer.................................... 1
La Montagne................................ 1

MILLET

Les Merveilles des fleuves et des ruisseaux............. 1

MOITESSIER

L'Air..................................... 1
La Lumière................................. 1

MULLER

La Machine à vapeur........................... 1

OZANAM

Récréations mathématiques et physiques.............. Vol. 4

LE PILEUR

Le Corps humain................................. 1

POIRÉ

Des principales industries........................ 1

QUATREFAGES

Unité de l'espèce humaine........................ 1

RECLUS (Elisée)

Les Continents................................. 1
Les Mers et les météores........................ 1

REIS (Docteur)

La Clef de la science de l'homme.................... 1

RENARD (Léon)

Les Phares.................................... 1

RENAUD

Traité d'arithmétique............................ 1

REYNAUD (Baron)

Eléments d'algèbre 1
Eléments d'arithmétique........................ 1

RICHARD

Applications mathématiques usuelles et amusantes.. ... 1

ROQUETTE

L'Homme, structure et fonctions.................... 1

ROSARY

Les Conquêtes de l'industrie...................... 1

SAFFRAY

Vol.

La Chimie des champs............................ 1

SIMONIN

Les Merveilles du monde souterrain. 1

SIMPSON

Éléments de Géométrie............................ 1

SNAKE

Les Mondes habités............................... 1

THEVENIN

Entretiens populaires............................. 3

TISSANDIER

Les Fossiles..................................... 1

TYNDALL

Dans les montagnes 1

VINCENT

Cours de géométrie élémentaire..................... 1

ZURCHER et MARGOLLÉ

Les Glaciers 1
Trombes et Cyclones............................. 1
Volcans et tremblements de terre.................. 1

CHAPITRE XII. — LETTRE Q.

ENCYCLOPÉDIE

Divers

	Vol.
Encyclopédie méthodique. — Grammaire et littérature...	6
Encyclopédie méthodique. — Histoire................	12
Mémoires de l'Académie des Sciences, Inscriptions et Belles-Lettres de Toulouse........................	54

CHAPITRE XIII. — LETTRE R.

BIOGRAPHIE

AMBERT

Vol.

Portraits républicains : Armand Carrel. — Godefroy Cavaignac. — Armand Marrast. — Le colonel Charras.   1

ANGLIVIEL

Vie de Maupertuis..................................   1

ANONYMES

Biographie universelle...........................   6
Histoire de Robert le Diable......................   1

AUDIGANNE

Mémoires d'un ouvrier de Paris....................   1

AUDIN

Histoire de la vie, des ouvrages et des doctrines de Luther.   1

BADIN

Duguay-Trouin   1
Jean Bart..   1

BONHOMME

Vol.

Madame de Maintenon et sa famille. 1

BONNECHOSE

Bertrand Du Guesclin. 1
Lazare Hoche. 1

BORDONE (Général)

Garibaldi 1

CAPEFIGUE

Saint Bernard. 1

CHARTON

Histoire de trois pauvres enfants. 1

CLÉMENT

Michel-Ange. — Léonard de Vinci. — Raphaël. 1

COMBES (Louis)

Marie-Antoinette. 1

CORNE

Le Cardinal de Mazarin 1
Le Cardinal de Richelieu 1

CZYNSKI

Copernic et ses travaux. 1

DIDEROT

Le Neveu de Rameau. 1

ERNOUF

Deux Inventeurs célèbres : Philippe de Gérard. — Jac-
quard 1

Vol.

Histoire de trois ouvriers français : Lenoir. — Bréguet. —
   Brezin.. 1
Les Inventeurs du gaz et de la photographie........... 1

FEILLET

Histoire du seigneur de Bayart........................ 1

FIGUIER

Savants de l'antiquité................................ 1
Savants du moyen âge................................. 1
Savants de la Renaissance............................ 1
Savants du dix-septième siècle....................... 1
Savants du dix-huitième siècle....................... 1

FLOURENS

Eloges historiques................................... 3

FORGUES

Histoire de Nelson................................... 1

FRANKLIN

Ses Mémoires... 1

GASTALDY

Thiers ; origine et jeunesse 1

GAUTIER (Théophile)

Portraits contemporains.............................. 1

GONCOURT

La Du Barry.. 1
Madame de Pompadour.................................. 1
Portraits intimes du dix-huitième siècle............. 1

GUIZOT

Corneille et son temps............................... 1

HÉDOUIN

Vol.

Gœthe, sa vie et ses œuvres...................... 1

HOUSSAYE

Galerie du dix-huitième siècle.

1º
2º
3º Poètes, romanciers, philosophes.................. 1
4º Hommes et femmes de cour 1
5º Sculpteurs, peintres, musiciens.................. 1

Etudes historiques sur la cour de Louis XIV.

1º Mademoiselle de La Vallière..................... 1
2º Madame de Montespan 1

JACQUEMONT

La Vie du Cid (2 exemplaires)..................... 2

JONVEAUX

Histoires de trois potiers célèbres................... 1

JOUAULT

Washington..................................... 1

KLENCKE

Alexandre de Humboldt............................ 1

LABOULAYE

Mémoires de Franklin............................. 1

LABOUCHÈRE (Alfred)

Oberkampf..................................... 1

LAMARTINE

Balzac et ses œuvres............................. 1

	Vol.
Civilisateurs et conquérants	2
Cromwel	1
Geneviève ; histoire d'une servante	1
Les Grands hommes de l'Orient	1
Guillaume Tell. — Bernard de Palissy	1
Gutenberg. — Fénelon	1
Héloïse et Abélard. — Milton	1
Homère et Socrate	1
Jacquard. — Gutenberg	1
J.-J. Rousseau	1
Nouvelles confidences	1
Portraits et Biographies	1
Vie du Tasse	1

LACRETELLE

Lamartine et ses amis 1

LAFARGE (Mme)

Heures de prison 1

LANGLOIS

Proudhon, sa vie et ses œuvres 1

LANFREY

Etudes et portraits politiques 1

LAVALLEY

La Jeanne Hachette normande 1

LEGOUVÉ

Conférences de Paris. — Lamartine. — Samson. — Arago,
par Bertrand 1

LESCURE

Vie de Henri IV .... 1.

MAINTENON (Mme DE)

Lettres 4

MARCO DE SAINT-HILAIRE

Vol.

Anecdoctes sur Napoléon Ier........................ 1

MÉRY

André Chénier 1

MIRECOURT

Masaniello 1

NOEL (Eugène)

Voltaire, sa vie et ses œuvres..................... 4

PELLARIN

Fourier, sa vie et sa théorie...................... 4

PLUTARQUE

La Vie des hommes illustres...................... 4

POUGIN

Rameau, sa vie et ses œuvres..................... 1

PRÉVOST (Abbé)

Histoire de Manon Lescaut....................... 1

RÉMUSAT

Bacon, sa vie ses œuvres........................ 1

REYNALD

Mirabeau et la Constituante...................... 1

ROSSEEUW SAINT-HILAIRE

Jules César................................... 1

SAINT-AMAND

Portraits de grandes dames...................... 1

CHAPITRE XIV. — Lettres Diverses.

JOURNAUX. — TABLEAUX. — CARTES.

	Vol.
L'Artiste méridional	1
Bibliothèque bleue (anciens romans)	2
Echo des feuilletons (du commencement 1840 jusqu'en 1863)	23
(Le 2e et le 4e en double)	2
Feuilletons divers	1
Feuilletons du siècle	1
Les Français peints par eux-mêmes	2
Journal du dimanche (du commencement, 1855, jusqu'en 1873)	31
Journal du jeudi	10
Journal pour tous	20
Magasin d'éducation et de récréation (1864 et 1865)	2
Magasin universel (de 1833 à 1840)	10
Magasin du foyer	2
Les Merveilles de l'Exposition de 1878	1
La Mosaïque universelle	1
La Mosaïque du Midi (de 1837 à 1842)	6
Musée des Familles (du commencement 1833 jusqu'en 1878)	45
(Volumes en double)	11
Musée universel (de 1873 à 1876)	8
La Semaine des enfants (de 1857 à 1862)	6

	Vol.
Le Voyageur........................	1
Tableaux d'histoire naturelle	20
Tableaux d'histoire universelle..................	1
Tableaux de l'histoire de France	1
Albums........................	2
Atlas........................	1
Carte du département de Tarn-et-Garonne...........	1
Cartes géographiques	6
Portefeuille de l'Ecole polytechnique..............	2
Globe terrestre	1

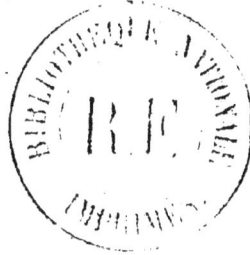

CHAPITRE XV. — Lettres Diverses,

PREMIER AGE

ANONYMES

Vol.

Armand Reuty..................................... 1
Tom Brown; scènes de la vie de collège en Angleterre.... 1
Le Canada 1
Histoire des animaux............................... 1
Histoire des quadrupèdes............................ 1
Deux humilités illustres 1
Commune de Paris.................................. 1
La Famille d'un marin 1
Légendes bourguignonnes............................ 1
Ambassade de Turner............................... 1
Les Orphelins de la Beauce 1
Riche et pauvre.................................... 1
Rome sous Néron 1
Voyages et aventures d'un Portugais 1

AUDIGIER

Histoire de Bayart................................. 1

AUGEROT

Les Explorateurs du nouveau monde.................. 1

AUNET (Mlle)

Vol.

Voyage d'une femme au Spitzberg 1

BAKER

Exploration du haut Nil.......................... 1

BARBÉ

La Mère des orphelins............................ 1

BARBIER

Sainte Elisabeth de Hongrie....................... 1
Enfance de Fénelon.............................. 1

BARON

Pérégrination en Suisse et en Savoie................ 1

BARTHÉLEMY (Abbé)

Voyage du jeune Anacharsis en Grèce................ 2

BARTHÉLEMY

Histoire de la Normandie.......................... 1

BERNARDIN de SAINT-PIERRE

OEuvres choisies................................. 1

BERQUIN

Astronomie 1

BEUGNON (Henri)

Clémence Drécourt............................... 1

BIECHY

Siècle de Léon X................................. 1

BOSQUET

François 1er et son siècle....................... 1

BOUSQUET

Le Capitaine Germain 1

Vol.

BOYELDIEU d'AUVIGNY (Mme)

Berthe 1

BRETON (Mme)

La Mendiante de Saint-Eustache 1

BRUN (Mlle)

Jeanne 1

BRYDONE

Voyage en Sicile et à Malte 1

CALAS (Abbé)

Le journal de Gaston 2

CARROY (Mme)

Les Collégiens 1
Les Leçons paternelles 1

CASTÉGNIER (Mme)

Ben Howard 1

CHAMPAGNAC

Richard Cœur-de-Lion 1

CHATEAUBRIAND

Les quatre Stuarts 1
Voyage en Italie 1

CORDELLIER-DELANOUE

Jacques Cœur (2 exemplaires) 2

CORTAMBERT

Vol.

Les Trois règnes de la nature 1

DELAPORTE

Le Roi de Bourges.. 1

DELATTRE

Les Chefs-d'œuvre de l'homme 1

DELBRUCK

Franklin 1

DIARD (Mlle)

Laurence.. 1

DONCOURT

Souvenir des ambulances de la guerre de 1870.......... 1

DUPATY

Lettres sur l'Italie 1

EMERY

Les Nègres de la Louisiane........................... 1
Récits historiques 1

ESPEISSE

La Volière des enfants............................. 1

FALLET

Le Choix d'une amie.................................. 1
L'Homme propose et Dieu dispose 1
Lettres de Mme de Sévigné........................ 1
Michel le Contrebandier 1
Le Secret du bonheur............................... 1

FALLET (Mme)

Histoire de Pierre le Grand 1

FAUCON (Mlle)

Vol.

Nouveau langage des fleurs........................ 1

FLÉCHIER

Histoire de Théodose le Grand..................... 1
Le Cardinal Ximénès 1

FOE (Daniel de)

Aventures de Robinson Crusoë..................... 1

FRAPPAZ (Mme)

Le Fauteuil de la grand'tante..................... 1

FREVILLE

Les Premiers âges de la France................... 1

GAULLE (Mme de)

Georges ou le bon usage des richesses. 1
Pitcairn; histoire maritime 1

GERBIER (Mlle)

Marie de Bourgogne 1

GIRARD (Just)

L'Enfant de troupe.............................. 1
Excursion au Mexique........................... 1

GIRARDIN (Jules)

La Nièce du capitaine........................... 1

GILBERT

L'Afrique inconnue.............................. 1

GODARD (Abbé)

Soirées algériennes............................. 1

GOLDSMITH

Vol.

Le Ministre de Wakefield.......................... 1
Le Vicaire de Wakefield........................... 1

GOURNERIE (De la)

Histoire de François Ier......................... 1

GUÉNOT

Arabella 1
Les Bohémiens au quinzième siècle................. 1

GUMPERT (Mme)

Le Monde des enfants.............................. 1

GUIBOUT

Rome et Carthage.................................. 1

HAMEL (Du)

Histoire d'Espagne................................ 1

HENRY

Vie de saint Vincent-de-Paul. 1

JOINVILLE (Le prince de)

Histoire de saint Louis........................... 1

KOENIG

Jean Bart.. 1
Tourville.. 1

LAHAYE

Frédéric ou la puissance de la religion. 1

LAMBEL

Illustrations d'Afrique........................... 1

LAVAYSSIÈRE

Vol.

Voyages en Afrique 1

LEBRUN (Mme)

Julien Morel...................................... 1

LEBRUN (Henri)

Voyages au pôle Nord 1

LEMERCIER

Conquête de Grenade............................... 1

LEPRINCE de BEAUMONT (Mme)

Le Magasin des enfants............................ 1

MACÉ (Jean)

Contes du petit château........................... 1

MACÉ (Jules)

Vie d'un brin d'herbe............................. 1

MARLÈS

Conquête de l'Espagne par les Arabes................. 1
Histoire de Saint-Domingue......................... 1

MAGNY

Histoire d'un morceau de verre (2 exemplaires)........ 2
L'Océan 1

MAYNARD

Etats-Unis d'Amérique............................. 1

MÉNARD

Aventures d'une cassette.......................... 1

MONNIER

Les Naufragés au Spizberg......................... 1

MONTOLIEU (Mme)

Vol.

Journal d'un père de famille 1

MONTROND

Le Curé de Notre-Dame des Victoires................ 1
Les Marins célèbres 1

MULLER (René)

La Cassette du meunier........................... 1

NYON

Ame et grandeur................................. 1

ORY (Stéphanie)

Léonie d'Ernouville ou la confiance en Dieu............ 1
Lucille 1

PAPE-CARPENTIER

Histoires et leçons............................... 1

PERCOT

Maurice 1

PARLEY PETER

Histoire de la Chine.............................. 1

PIZETTA

Les Voyages d'une goutte d'eau..................... 1

POUJOULAT

Histoire de Constantinople......................... 1

PROYART (Abbé)

Le Modèle des jeunes gens......................... 1

REVOIL

Chasses dans l'Amérique du Nord.................... 1

Vol.

Le Portefeuille d'un voyageur........................ 1

ROSARY

Jacques Mercier................................... 1
Leçons d'histoire naturelle (2 exemplaires)............ 2

ROUSSELET

Les Royaumes de l'Inde............................. 1

ROY

L'Australie.. 1
Le Brave Crillon (2 exemplaires). 2
Histoire de Bossuet............................... 1
Histoire de Charlemagne (2 exemplaires).............. 2
Histoire de Charles V (2 exemplaires)................ 2
Histoire de la Suisse.............................. 1
Histoire des Templiers (2 exemplaires)............... 2

SAINTES

Les Quatre petits Savoyards........................ 1
Le Petit Musicien voyageur......................... 1

SAUQUET (Mme)

Les Trois Mères................................... 1

SAVAGNER

Histoire du moyen âge 1

SCHILLER

Histoire de la guerre de trente ans 1

SCHMID (J.-P.)

Les Deux Miroirs; contes pour les enfants............ 1

SOEHNLIN (Abbé)

Lettres sur la Terre-Sainte 1

SOLLIÈRES (Mme)

Vol.

Madeleine.. 1

SOULANGES (Ernest)

Inventions et découvertes............................. 1

SOUVESTRE (Mme)

Antonio ou mensonge et repentir...................... 1
Trois mois de vacances................................ 1

STRICKLAND (Miss)

Alda, l'esclave bretonne.............................. 1

T*** (Marie-Ange de)

Marianne.. 1

VALENTIN

Abrégé de l'histoire des croisades.................... 1

VAMBERY

Voyage d'un faux derviche dans l'Asie centrale......... 1

VILLARS

Marie et Marguerite................................... 1

VOIARD (Mme)

Robinson suisse....................................... 1

WAILLY et STALH

Contes-célèbres 1

WALSH

Saint Louis et son siècle............................. 1
Souvenirs et impressions.............................. 1

WOILLEZ (Mme)

CHAPITRE XVI. — Lettres Diverses.

DEUXIÈME AGE

ACHARD (Amédée)

Vol.

Histoire de mes amis 1

ANDERSEN

Contes. 1

Anonyme

Robinson suisse ou histoire d'une famille suisse naufragée. 2

BAINES

Voyages dans le sud-ouest de l'Afrique (2 exemplaires) . . . 2

BARRAU

Amour filial. 1

BAWR (Mme de)

Nouveaux contes pour les enfants. 1
Les Soirées des jeunes personnes 1

BEAUDOUX (Mme)

La Science maternelle .... Vol. 1

BELLOC (Mme)

Histoires et contes de la grand'mère. 1

BERNARDIN DE SAINT-PIERRE

Œuvres choisies................................. 1

BERQUIN

L'Ami des enfants................................. 1
Drames et contes 1
Le Petit Grandisson 1
Théâtre... 1

BERTHET (Elie)

L'Enfant des bois................................. 1

BLANCHARD

Le Trésor des enfants 1

BLANCHÈRE (De la)

Aventures de La Ramée............................. 1

BOUILLY

Les Encouragements de la jeunesse.................. 1

CARRAUD (Mme)

Contes et historiettes 1
Les Goûters de la grand'mère...................... 1
Historiettes véritables............................. 1
La Petite Jeanne (2 exemplaires)................... 2

CATLIN

La Vie chez les Indiens............................. 1

CASTAGNÉ

Les Agréments de la veillée........................ 1

CHABREUIL (Mme)

Vol.

Jeux et exercices des jeunes filles...................... 1

COLET (Mme)

Enfances célèbres.................................. 1

COLOMB (Mme)

Petites nouvelles 1

EDGEWORTH (Miss)

Demain.. 1
Contes de l'enfance............................... 1
Contes de l'adolescence........................... 1

ESSARTS (ALFRED DE)

Souffrir c'est vaincre............................ 1

FATH

La Sagesse des enfants............................ 1

FLEURIOT (Mlle)

Bigarette... 1
En congé.. 1

FOA (Mme)

Contes à ma sœur Léonie........................... 1
Contes de ma bonne................................ 1
Contes historiques................................ 1

GIRARDIN (JULES)

La Disparition du grand Krause 1

GOURAUD (Mlle)

Aller et retour................................... 1
Cécile ou la petite sœur.......................... 1
Les Deux Enfants de Saint-Domingue. 1
Les Enfants de la ferme........................... 1

	Vol.
L'Enfant du guide	1
La Famille Harel	1
Les Filles du professeur	1
Le Livre de maman	1
Mémoires d'un caniche	1
Mémoires d'un petit garçon	1
Le Petit Colporteur	1
Petite et grande	1
La Petite maîtresse de maison	1
Les Quatre Pièces d'or	1

GUIZOT (Mme)

L'Écolier	2

HAUFF

L'Auberge du Spessart	1
La Caravane	1

HAWTHORNE

Le Livre des merveilles	2

HAYES

La Mer libre du pôle (2 exemplaires)	2

INTOSCH (Miss Mac)

Contes américains (2 exemplaires)	4

JOHNSON

Dans l'extrême Far-West (2 exemplaires)	2

LANOYE (Ferdinand)

Les Grandes Scènes de la nature	1
Ramsès le Grand	1

LANOYE et HERVÉ

Voyages dans les glaces du pôle Arctique	1

LAROQUE (Mme)

Vol.

Grands et petits................................... 1

LESENNE

Le Conseiller de la jeunesse......................... 1

MAGE

Voyage dans le Soudan occidental (2 exemplaires)....... 2

MARCEL (Mme)

Le Bon Frère..................................... 1
L'Ecole buissonnière.............................. 1
Histoire d'une grand'mère et de son petit-fils.......... 1
Les Petits Vagabonds. 1

MARÉCHAL (Mlle)

La Maison modèle................................. 1
La Dette de Ben Aïssa............................. 1
Nos Petits Camarades............................. 1

MARMIER

L'Arbre de Noël.................................. 1

MARTIGNAT (Mlle)

L'Oncle Boni..................................... 1
Le Manoir d'Yolan................................ 1

MARTIN

Contes allemands................................. 1

MASSON (Michel)

Les Enfants célèbres.............................. 1

MAYNE-REID (Capitaine)

L'Habitation du désert............................. 1
A fond de cale................................... 1

	Vol.
A la mer	1
Les Exilés dans la forêt (2 exemplaires)	2
Les Vacances des jeunes Boërs	1
Les Chasseurs de girafes	1

MEUNIER (Mme)

Le Docteur au village; entretien sur la botanique	1

MICHELET (Mme)

Mémoires d'un enfant	1

MONNIOT (Mlle)

Raphaëla de Mérans	1

PERRAULT

Contes de fées (2 exemplaires)	1

PEYRONNY (Mme)

Deux Cœurs dévoués	1

PIOTROWSKI

Souvenirs d'un Sibérien	1

PITRAY (Mme DE)

Le Château de la Pétaudière	1
Les Enfants des Tuileries	1

PORCHAT

Contes merveilleux	1

RENDU (Victor)

Mœurs pittoresques des insectes	1

SANNOIS (Mme)

Les Soirées à la maison	1

SANDRAS (Mme)

Mémoires d'un lapin blanc	1

SCHMID (Chanoine)

Vol.

Contes... 1
Cent quatre-vingt-dix contes........................ 1

SCHWEINFURTH

Au cœur de l'Afrique.............................. 1

SÉGUR (Comtesse)

L'Auberge de l'Ange gardien........................ 1
Comédies et proverbes.............................. 1
Le Général Dourakine.............................. 1
Les Deux Nigauds (2 exemplaires)................... 2
Diloy le Chemineau................................. 1
Un bon petit diable................................ 1
François le Bossu.................................. 1
La Fortune de Gaspard.............................. 1
Jean qui grogne et Jean qui rit.................... 1
Les Malheurs de Sophie............................. 1
Le Mauvais génie................................... 1
Nouveaux contes pour les enfants................... 1
Pauvre Blaise...................................... 1
Quel amour d'enfant !.............................. 1
Les Sœurs de Gribouille............................ 1
Les Vacances....................................... 1

STALH et MULLER

Le Nouveau Robinson suisse......................... 1

STOLZ (Mme DE)

Blanche et noire................................... 1
Par dessus la haie................................. 1
Les Poches de mon oncle............................ 1
Quatorze jours de bonheur.......................... 1
Le Secret de Laurent............................... 1
Le Vieux de la forêt............................... 1

SWIFT

Voyages de Gulliver à Lilliput (2 exemplaires)..... 2

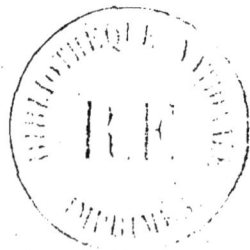

CHAPITRE XVII. — LETTRES B, U.

BIBLIOTHÈQUE UTILE

BASTIDE (Jules)

	Vol.
Les Guerres de la Réforme (2 exemplaires).............	2
Luttes religieuses des premiers siècles (2 exemplaires) ...	2

BERTILLON

La Statistique humaine de la France.................	1

BLERZY

Les Colonies anglaises...............................	1
Torrents, fleuves et canaux de la France (2 exemplaires)..	2

BOILLOT

Pluralité des mondes (2 exemplaires).................	2

BROTHIER

Causeries sur la mécanique (2 exemplaires)............	2
Histoire populaire de la philosophie (2 exemplaires)	2
Histoire de la terre (2 exemplaires)...................	2

BUCHEZ

Les Mérovingiens (2 exemplaires).....................	2
Les Carlovingiens (2 exemplaires)....................	2

CARNOT
Vol.

La Révolution française (3 exemplaires)............... 6

CATALAN
Notions d'astronomie (2 exemplaires)................. 2

COLLAS
Histoire de l'Empire ottoman ....·............ 1

COMBES (Louis)
La Grèce (2 exemplaires)........................... 2

CORBON
De l'Enseignement professionnel (2 exemplaires)........ 2

CRISTAL (Maurice)
Les Délassements du travail (2 exemplaires)........... 2

CRUVEILHIER (Docteur Louis)
Éléments de l'hygiène générale (2 exemplaires)......... 2

DESPOIS
Révolution d'Angleterre (2 exemplaires)............... 2

DONEAUD
Histoire de la Marine française (2 exemplaires)......... 2

ENFANTIN
La Vie éternelle 1

FERRIÈRE
Le Darwinisme.................................... 1

GAFFAREL
La Défense nationale en 1792....................... 1

GASTINEAU

Vol.

Les Génies de la science et de l'industrie (2 exemplaires). 2

GEIKIE

La Géographie physique (2 exemplaires).............. 2
La Géologie 1

GIRARD DE RIALLE

Les Peuples de l'Afrique et de l'Amérique............ 1

JOURDAN

De la Justice criminelle en France.................. 1

LAURENT PICHAT

L'Art et les artistes en France (2 exemplaires).......... 2

LENEVEUX

Le Budget du foyer (2 exemplaires).................. 2
Paris municipal (2 exemplaires) 2

LÉVY (Albert)

Histoire de l'air................................ 1

LOCK (Frédéric)

Histoire de la Restauration (2 exemplaires)............ 2
Jeanne d'Arc (2 exemplaires)...................... 2

MARGOLLÉ (Élie)

Les Phénomènes de la mer (2 exemplaires)............ 2

MENAULT (Ernest)

Le Berger..................................... 1
Le Vacher et le Bouvier 1

MEUNIER (Victor)

La Philosophie zoologique......................... 1

MORAND

Vol.

Introduction à l'étude des sciences physiques........... 1

MORIN (Frédéric)

La France au moyen âge (3 exemplaires).............. 3
Résumé populaire du Code civil (2 exemplaires) 2

NOEL (Eugène)

Voltaire et Rousseau (2 exemplaires)................. 2

OTT (A.)

Histoire ancienne, Asie et Egypte (2 exemplaires)........ 2
Histoire ancienne, l'Inde et la Chine.................. 1

PAULHAN

La Physiologie de l'esprit........................... 1

PELLETAN (Eugène)

Décadence de la monarchie française (2 exemplaires)..... 2

RAYMOND

L'Espagne et le Portugal (2 exemplaires).............. 2

RENDU (Victor)

Nouveau manuel d'agriculture....................... 1

RIANT (Docteur)

Le Café, le Chocolat, le Thé........................ 1

RICHARD (Charles)

Cosmogonie (2 exemplaires)........................ 2

ROLLAND (Charles)

Histoire de la Maison d'Autriche.................... 1

SAFFRAY (Docteur)

Les Moyens de vivre longtemps..................... 1

SANSON (André)

Les Principaux faits de la chimie (2 exemplaires)........ Vol. 2

SECCHI

Les Etoiles et les Comètes (2 exemplaires)............. 2

STANLEY (W.)

L'Economie politique (2 exemplaires)................. 2

TURCK (Docteur)

Médecine populaire (2 exemplaires)................... 2

ZABOROWSKI

Les Migrations des animaux et le Pigeon voyageur....... 1

ZÉVORT (Edgar)

Histoire de Louis-Philippe Ier (2 exemplaires)........... 2

ZURCHER

Les Phénomènes de l'atmosphère (2 exemplaires)........ 2

ZURCHER et MARGOLLÉ

Les Phénomènes célestes (2 exemplaires).............. 2
Télescope et microscope........................... 1

CHAPITRE XVIII

BIBLIOTHÈQUE SPÉCIALE

CONDILLAC

Vol.

La Langue des calculs............................. 1

AMPÈRE

Classification des sciences et des lettres................ 1

CONDORCET

Les Progrès de l'esprit humain 1

BOSSUT

Histoire des mathématiques........................ 2

BERTRAND

Traité d'arithmétique.............................. 1

LEGENDRE

Géométrie, suivie de notes. 1

EUCLIDE

Géométrie 1

Vol.

GARNIER
Réciproques de la géométrie 1

MASCHERONI
Géométrie du compas. 1

BRIOT
Algèbre 1

CAUCHY
Algèbre. 1

SALMON
Des Déterminants. 1

BIOT
Géométrie analytique. 1

BRIOT et BOUQUET
Géométrie analytique. 1

DESCARTES
Géométrie analytique. 1

LEROY
Géométrie analytique à trois dimensions. 1

SALMON
Géométrie analytique. 1

PUISSANT
Propositions de géométrie. 1

SERRET
Algèbre supérieure. 1

FRANCOEUR

Vol.

Uranographie... 1

LAGRANGE

Leçons sur le calcul des fonctions.................... 1

DUHAMEL

Calcul différentiel et intégral....................... 1

STURM

Calcul différentiel et intégral....................... 1

MOIGNO

Calcul différentiel et intégral....................... 3

TISSERAND

Problèmes d'analyse................................... 1

BEZOUT

Cours de mathématiques............................... 4

RÉSAL

Cinématique 1

POINSOT

Statique.. 1

HATON

Traité des mécanismes................................. 1

POISSON

Traité de mécanique 2

DUHAMEL

Traité de mécanique.................................. 2

STURM

Vol.

Traité de mécanique 1

RÉSAL

Traité de mécanique............................. 4

CARNOT

De l'Equilibre et du mouvement des systèmes.......... 1

PONCELET

Mécanique appliquée............................. 2

BRESSE

Hydraulique.................................. 1

LAMÉ

Ses OEuvres mathématiques..................... 4
Physique 2

D'ALEMBERT

Ses OEuvres 5

PASCAL

Ses OEuvres 5

BIOT

Astronomie (2e édition)......................... 3

POISSON

Calcul des probabilités......................... 1
Traité de la chaleur 1
De la Capillarité............................. 1

LAGRANGE

Résolution des équations numériques............... 1
Fonctions analytiques........................... 1

Vol.

Mécanique analytique (1re édition)................... 1
Mécanique analytique (2e édition)................... 2

NEWTON.

Principes de la philosophie naturelle (Traduction de
Mme du Châtelet)............................... 2

LAPLACE

Exposition du système du monde.................... 1
Mécanique céleste................................ 5
Calcul des probabilités........................... 1

CORIOLIS

Calcul de l'effet des machines...................... 1

STURM

Cours de l'Ecole polytechnique (analyse et mécanique).. 2

CHASLES

Cours de l'Ecole polytechnique (mécanique appliquée).... 1
Cours de l'Ecole polytechnique (astronomie)........... 1

COUSIN

Calcul différentiel et intégral...................... 1

LACROIX

Calcul différentiel et intégral (2e édition).............. 2

CAGNOLI

Traité de trigonométrie........................... 1

BUDAN

Résolution des équations numériques................ 1

FOURIER

Résolution des équations numériques................ 1

MONGE

Géométrie analytique et descriptive.................... Vol. 1

PUISSANT

Traité de géodésie.................................. 2

EULER

Introduction à l'analyse des infinis.................. 2

LEGENDRE

Théorie des nombres (3e édition).................... 2

CONDORCET

Des Probabilités.................................. 1
Calcul intégral................................... 1

ARCHIMÈDE

Ses OEuvres 1

DIVERS

Connaissance des temps........................... 1

POINSOT

Précession des équinoxes......................... 1

MONTUCLA

Histoire des mathématiques........................ 2

BAILLY

Histoire de l'astronomie........................... 5

DIVERS

Cours lithographiés de l'Ecole polytechnique........... 5

DESPEYROUS père

Ses Manuscrits, en portefeuille.................... 12

FERMAT

Vol.

Varia opera mathematica........................ 1

NEWTON

Optique 1

HAUY

Traité de physique........................... 2

BEUDANT

Traité de physique........................... 1

DESPRETS

Traité de physique........................... 1

POUILLET

Traité de physique........................... 4

FOURCROY

Philosophie chimique 2

THENARD

Traité de chimie............................ 5

DICTIONNAIRES

Bouillet (lettres) 1
Bouillet (sciences)........................... 1
Académie française........................... 2
Supplément................................. 1
Boiste..................................... 1
Vosgien (géographie)......................... 1

LES BÉNÉDICTINS

L'Art de vérifier les dates.................... 3

www.ingramcontent.com/pod-product-compliance
Lightning Source LLC
Chambersburg PA
CBHW052057090426
42739CB00010B/2217